어린이 중국어

자장면 2

교사용 지도서

로우 시우롱 (娄秀荣) · 나민구
이종민 · 김인용 · 나여훈 지음

머리말

　　용의 나라 중국, 중국어는 세계에서 가장 많은 사람들이 사용하고 있는 언어입니다. 많은 사람들이 중국을 이야기할 때 '잠자는 용에서 깨어나는 용'이라는 말을 하고 있습니다. 이 말은 지금 중국이 세계의 강대국으로 떠오르고 있다는 뜻입니다.

　　중국은 광대한 영토와 헤아릴 수 없이 많은 인구, 5000년의 역사를 통해 이루어 온 문화의 힘을 바탕으로 매년 높은 경제성장을 거듭하고 있어 깨어나는 용에서 비상을 준비하는 한 마리 용으로 우리 곁에 다가와 있습니다. 중국은 역사적으로 지리적으로 우리나라와 인접해 있으면서 많은 교류를 해 왔고 앞으로 더 많은 교류와 발전을 해 나갈 것입니다.

　　최근 우리 문화는 닫혀있던 중국 사회, 중국 젊은이들에게 전파되면서 한류라는 문화현상을 만들어 내었고 이로써 우리는 더욱더 중국과 가까워졌습니다. 중국은 우리에게 기회의 땅이 되고 있습니다. 한류 열풍이 한국제품 구매로 이어지면서 중국은 우리의 최대 무역국이 되었습니다. 무한한 가능성의 나라 중국에 세계의 자본이 몰려들고 있습니다. 세계는 무한경쟁의 시대로 돌입하였고 거대 시장 중국은 초강대국 미국에 이어 그 영향력을 확대해 가고 있습니다. 세계무대에서 경쟁력을 가지고 앞서가기 위해서는 외국어능력이 필수적이고 외국어 가운데 중국어능력이야말로 가장 큰 경쟁력이 될 것입니다.

　　이 책은 우리 어린이들이 미래의 주역으로서 강력한 경쟁력을 갖출 수 있도록 하기 위해 연구되고 만들어진 책입니다. 《어린이 중국어 자장면》이 책을 잡는 순간 우리 어린이들은 자장면의 잊을 수 없는 맛에 빠지듯 중국어를 맛있게 배우게 될 것입니다.

　　자장면을 먹듯 단계별로「무슨 맛일까?」에서는 상상을 통해 학습할 내용을 기대하게 되고「맛보기」에서는 본문 학습을,「비비기」에서는 발음을 공부하고「곱빼기」에서는 게임을 통해 학습한 내용을 다지며「리듬젓가락」에서는 챈트를 통해 학습하며,「꺼억 맛있다」에서는 그림을 통해 본문에 나왔던 단어를 확실히 다지며「디저트」에서는 재미있는 중국 문화를 통해 학습동기를 유발하도록 되어 있습니다. 또한 워크북을 통해 어린이 스스로가 학습과 관련된 작업이나 활동을 하면서 재미있게 중국어를 장악하도록 설계되었습니다. 역동적인 수업을 이끌기 위해 지도교사에게는 지도상의 유의점과 지도 방법, 어린이들에게 보충 설명할 자료를 충실히 실어줌으로써 중국어 초보 선생님도 자신있게 지도할 수 있도록 구성하였습니다. 부록으로 제공되는 플래쉬 자료는 한편의 동화를 만화로 감상하듯 편하게 공부 할 수 있도록 하였습니다.

　　초등 외국어교육 전문가와 중국어교육 전문가, 중국인 원어민 교수님 등 집필진과 연구진이 오랜 시간 연구 끝에, 최고의 요리사가 최고의 자장면을 만들어내듯 준비한 이 책을 우리 어린이들에게 바칩니다

저자 일동

차례

어린이 중국어 **자장면 2** / 교사용 지도서

第一课　星期六你做什么?　당신은 토요일에 무엇을 하나요?　5 *page*
Xīngqīliù nǐ zuò shénme?

第二课　我走路回家　나는 걸어서 집에 갑니다.　14 *page*
Wǒ zǒulù huí jiā

第三课　你晚上几点睡觉?　당신은 저녁 몇 시에 자나요?　22 *page*
Nǐ wǎnshang jǐ diǎn shuì jiào?

第四课　我想吃冰淇淋　나는 아이스크림이 먹고 싶어요.　31 *page*
Wǒ xiǎng chī bīngqílín

第五课　可乐多少钱一杯?　콜라는 한 잔에 얼마인가요?　41 *page*
Kělè duōshao qián yì bēi?

第六课　你能帮妈妈一下吗?　엄마를 좀 도와줄 수 있겠니?　48 *page*
Nǐ néng bāng māma yíxià ma?

第七课　我的帽子在哪儿?　내 모자는 어디 있지요?　56 *page*
Wǒ de màozi zài nǎr?

第八课　你能陪我玩吗?　나와 놀아줄 수 있어요?　64 *page*
Nǐ néng péi wǒ wánr ma?

第九课　这是谁的羽毛球?　이것은 누구의 배드민턴 공인가요?　72 *page*
Zhè shì shéi de yǔmáoqiú?

第十课　吃饭以前应该先洗手　밥 먹기 전에는 꼭 먼저 손을 씻어야 해요.　80 *page*
Chīfàn yǐqián yīnggāi xiān xǐ shǒu

第十一课　现在几点了?　지금 몇 시인가요?　88 *page*
Xiànzài jǐ diǎn le?

第十二课　东东的一天　동동의 하루　96 *page*
Dōngdong de yì tiān

星期六你做什么?

당신은 토요일에 무엇을 하나요?

학습목표　주말 계획을 중국어로 묻고 대답할 수 있다.

✔ 중심 표현과 단어

| 중심 표현 | 你做什么? | 我想去 | A跟B一起 | …吧 |
| 주요 단어 | 做, 想, 吧 | | | |

✔ Daily Routin

老师	你们喜欢汉语吗?
学生	很喜欢。
老师	汉语有意思吗?
学生	很有意思。

Review

1. 학생들이 자신감을 가질 수 있도록 1권에서 배웠던 내용들을 다시 한번 상기시켜 준다.
   [간단히 1권 각 과의 제목을 한국어로 물어 보고 대답하도록 하거나, 1과의 플래시 카드를 보여 주고 중국어로 말하도록 해도 좋다.]
2. 2권을 통해 좀더 실질적인 생활 회화를 할 수 있을 것이란 기대를 갖도록 한다.
   [2권의 내용을 간단히 소개해도 좋고, 제일 긴 본문 하나를 유창하게 미리 읽어 주어도 좋다.]

무슨 맛일까 (闻一闻)

–자유롭게 이야기할 수 있는 분위기 조성한다–

- 闻一闻,今天要学什么内容?
  : 오늘은 무슨 내용을 배울 것 같지요?
- 看看图画。 : 그림을 보세요.
- 图画里有谁? : 그림에 누가 있나요?
- 她在想什么? : 그녀는 지금 무슨 생각을 하고 있나요?

–자유로운 학생들의 반응을 유도한다–

즐거운 중국어 회화 첫 시간, 이번 과에서는 주말에는 무엇을 할지 묻고 대답하는 것을 배워 볼 거예요. 이번 과가 끝날 즈음이면, 다양한 주말 계획을 묻고 대답할 수 있게 될 것입니다.

맛보기 (尝一尝)

▶1부터 10까지를 중국어로 복습한다.

▶요일을 묻고 대답하는 방법을 다시 한번 복습한다.

[星期 뒤에 1부터 6까지 넣으면, 월요일에서 토요일까지가 되며, 일요일만 天이나 日를 씀을 다시 강조한다.]

–교재의 그림을 보도록 한다–

(1) 내용 소개

▶'书上有什么人？' 책에 누가 있나요?
: 小龙, 东东

▶'他们做什么？' 그럼 그들은 무엇을 하고 있나요?
: 영화 보는 상상을 하고 있다는 답을 유도한다.

▶보다는 '看', 영화는 '电影'이에요. 같이 해 볼까요? '看电影。'
[여러 번 따라 읽어 귀와 입에 익숙해지도록 한다.]

–플래시를 보도록 한다–

▶자, 그럼 플래시를 한번 볼까요? 전체적으로 한번 들어 보세요.

6

▶ '你们听到什么内容? 说一说吧。' 어떤 내용을 들었나요? 얘기해 보세요. '看电影'이요? '星期六'요? '去'요? '我? 你?' 맞아요. 모두 잘했어요.

(2) 단어와 어법 설명

▶ 그럼 이번에는 한 문장씩 들어 보도록 할까요?
  [샤오롱의 문장만 들려준다.]

  뭐라고 얘기했나요? 맞습니다. '东东,星期六你做什么?'라고 했어요. '做'는 '하다'이므로, '동동아, 너 토요일에 뭐 할 거니?'가 되겠군요.
  [요일을 바꾸어 가며 연습한다.]

▶ 동동의 대답을 들어 볼까요?
  [동동 부분만 듣는다.]

  '去看电影'이 들렸다구요? '영화보러 가다'군요. 자! 그럼 동동은 누구랑 같이 갈지 당연히 알겠죠? '佳佳'겠군요. 중국어로 '…와'는 '和'예요. 또 '跟'도 가능하구요. 그럼 '我和佳佳去看电影。' '나는 쟈쟈랑 영화보러 갈 거야'가 되겠군요. 그러면 샤오롱도 가고 싶겠죠?
  [샤오롱의 문장만 들려준다.]

  '我也想去。'

▶ 중국어로 '想'은 '…하고 싶다'랍니다. **[想＋동사]**의 형식으로 쓰이죠.
  [吃,喝,睡觉 등으로 연습한다.]

▶ 마지막 문장을 볼까요? '好吧,你跟我们一起去吧。' '好吧'는 '좋아! 오케이!'라는 것, 느낌이 오시죠? 잠깐! 아까 '跟'이 뭐라고 했죠? 그래요. '…와', '一起'는 '같이' 혹은 '함께'가 됩니다. '너 우리와 함께'라고 한다면 '你跟我们一起'겠죠? 하나 더! **[동사＋吧]**는 '…하자'랍니다. 뜻을 생각하면서 다시 한번 들어 볼까요?

–다시 한번 플래시를 들려준다–

(3) 연습

▶ 아직 익숙하지 않죠? 연습을 통해 자연스러워져야 대화가 가능해진답니다.
  • 먼저 교사를 따라 여러 번 익숙해질 때까지 읽고, 학생들이 외울 수 있도록 분단별, 개인별로 지목해서 연습시킨다.
  • 처음에는 주요단어를 칠판에 제시해 주고 말해보도록 하고, 그 다음은 해석만 보고 중국어로 말하도록 한다. 궁극적으로는 화면을 보면서 대화할 수 있도록 한다.

▶ 참 잘했어요. 내용이 좀 어려워진 듯 하지만, 그만큼 풍부한 내용을 말할 수 있게 되는 거니까 파이팅 하세요.

비비기 (拌一拌)

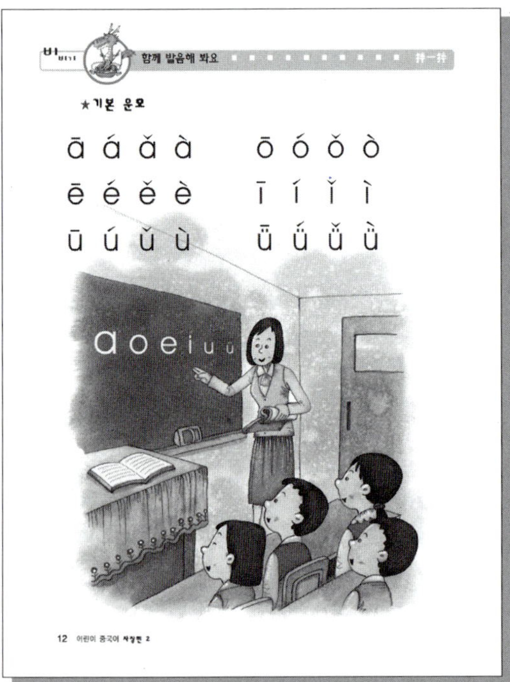

■ 발음 요령

a 입을 크게 벌리고, '아'라고 발음한다.
[입은 크게 벌리고, 혀의 위치는 아래쪽, 입 모양이 둥글지 않다.]

o 입을 중간 정도로 벌리고, '오'와 '어'의 중간쯤을 발음한다.
[혀 위치는 중간 높이, 약간 뒤쪽, 입 모양은 둥글게 유지한다.]

e 입을 중간 정도 벌리고, '(으)어'라고 발음한다.
[혀 위치는 중간 높이, 약간 뒤쪽, 입 모양은 둥글지 않다. 즉, 'o'의 발음과 동일하나, 입 모양만 둥글지 않다.]

i 입을 옆으로 벌리고, '이'를 발음한다.
[입은 작게 벌리고, 혀의 위치는 높고 약간 앞쪽에 위치한다.]

u 입 모양을 둥글게 바꾸어, '우'라고 발음한다.
[입은 작게 둥근 모양, 혀의 위치는 높고 뒤쪽이다.]

ü 혀 위치는 'i'와 동일하다. '이'를 발음한 상태에서 입 모양만 둥글게 바꾼다.

■ 교사를 위한 발음지도 tip

1권 12과의 리듬젓가락으로 재미있게 연습한다.

a	o	e	i		u	ü	(4번 반복)
b	p	m	f		z	c	s
d	t	n	l		zh	ch	sh	r
g	k	h	j		q	x
ai	ei	ao	ou		an	ang	en	eng	er

■ 참고 단어

a 阿姨 āyí 이모   辣 là 맵다
o 菠菜 bōcài 시금치   伯伯 bóbo 큰아버지
u 不 bù …아니다   错误 cuòwù 잘못

e 饿 è 배고프다   哥哥 gēge 형, 오빠
i 衣服 yīfu 옷   鸡肉 jīròu 닭고기
ü 鱼 yú 물고기   女人 nǚrén 여자

곱빼기 (再来一点)

카드 게임 1

1. 활동 목표

카드놀이를 통해 다양한 활동에 관한 표현을 익힐 수 있다.

2. 준비물

해당 카드 게임에 맞는 플래시 카드.
[교재 뒤에 부착되어 있는 부록을 오려서 사용한다.]

3. 활동 방법

① 교재의 삽화에 카드 매치시키기 :

- 교재 13쪽에 있는 삽화를 보고 먼저 어떤 활동인지 말해 보도록 한다.
- 교재 뒤쪽에서 잘라낸 플래시 카드의 짝을 찾아보게 한다.
- 각각의 카드를 따라 읽어보게 한다.

② 교사의 말을 듣고 순서대로 카드 내려놓기 :

- ①의 활동을 통해 표현을 익힌 후 실시한다. 교재를 덮고 교사의 말을 듣고 카드를 찾아 보게 한다.
- 교사의 말을 듣고 순서대로 카드를 내려놓아본다.
- 순서대로 맞게 내려놓았는지 확인해 본다.

③ 같은 카드 찾기 놀이 소개 :

- 짝과 함께 카드를 모아 2세트의 카드를 책상 위에 엎어 펼쳐 놓는다.
- 임의로 두 장의 카드를 뒤집어 같은 카드를 찾아낸다.
- 같은 카드를 찾아 내면 그 카드의 활동을 바르게 중국어로 말한 사람이 두 장의 카드를 가져가며 카드를 많이 모은 사람이 이긴다.

■ 학습장

주말에 할 일을 찾아 줘! (학습장 4쪽 4번)

동동, 쟈쟈, 링링, 샤오룽이 주말에 할 일은 무엇일까요? 왼쪽의 문장을 읽고, 알맞은 할 일을 찾아 선으로 연결해 보세요.

① 개인적으로 혼자 읽고 문제를 풀도록 한다.
② 문장을 큰 소리로 읽어 보도록 한다.
③ 뜻을 설명해 보도록 한다.

리듬젓가락 (节奏筷子)

■ 리듬젓가락 내용 해석

토! 토! 토요일에 넌 뭘 하니?
영화! 영화! 나는 영화를 봐.

일! 일! 일요일에 너는 뭘 하니?
숙제! 숙제! 나는 숙제를 해.

■ 리듬젓가락 지도하기

① 먼저 음악을 들려준다.
② 알아들은 가사(말)를 말해 보도록 한다.
③ 다시 들어 볼까요?
④ 다 같이 불러 본다.

■ 리듬젓가락 따라 부르기

① 질문 부분만 부르기 → 대답 부분만 부르기 → 전체 부르기
② 두 부분으로 나누어 묻고 답하는 노래 부르기
③ 다른 활동으로 바꾸어 부르기 (다 같이 묻고, 한 학생—또는 모둠—이 대답할 수 있다.)

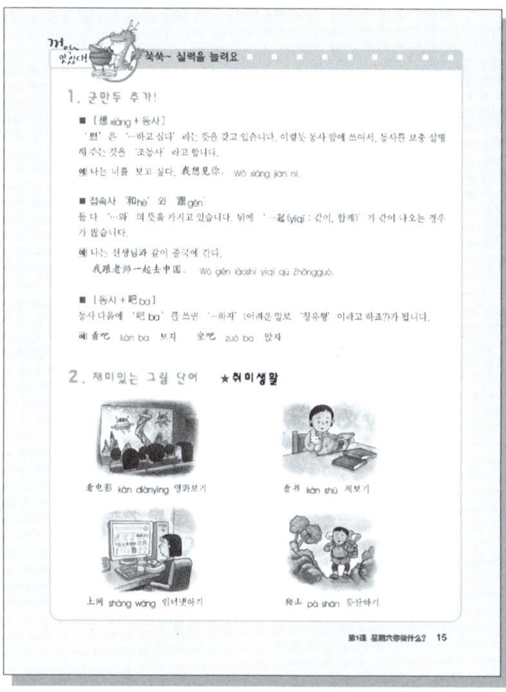

1. 재미있는 그림 단어

■ 취미생활

- 看电影 kàn diànyǐng 영화보기
- 看书 kàn shū 책보기
- 上网 shàng wǎng 인터넷하기
- 爬山 pá shān 등산하기

■ 기타 / 보충 학습

- 游泳 yóuyǒng 수영하다
- 听音乐 tīng yīnyuè 음악을 듣다
- 跳舞 tiàowǔ 춤추다

note

11

 **디저트(甜点心)와 교사를 위한 문화 지식**

디저트 / 중국의 영화 스타

여러분, 중국 영화하면 무엇이 생각나나요? 무술(武术 wǔshù ; 우슈) 영화를 떠올리는 사람이 많을 것입니다. 사실 중국 영화는 홍콩 영화를 중심으로 무술과 액션 영화가 주류를 이루고 있습니다. 전설적인 무술 영화 스타 이소룡 이후 가장 유명한 영화배우는 이연걸입니다.

이연걸은 여섯 살부터 무술을 시작했는데 여덟 살에 무술학교에 입학한 이후 본격적으로 무술 연마를 시작하였습니다. 아홉 살의 나이로 전국무술대회에서 우수상을 받았고, 열 살 때는 실력을 인정받아 국가대표에 선발되었습니다. 열 한 살 때에는 전국무술대회에 출전하여 권법, 봉술, 검술 3개 부분을 석권하여 어른들을 제치고 종합우승을 차지하였습니다.

열 네 살이던 1977년부터는 베이징우슈시범단의 대표로 해외 시범 원정을 다녔는데, 해외 원정 활동 중 영화업자에 눈에 띠어 《소림사》로 데뷔하였습니다. 이후 유명한 서극 감독의 《황비홍(黄飞鸿)》에 출연하면서 일약 홍콩 영화계의 수퍼스타가 되었습니다. 이연걸은 이 밖에도 《정무문》·《흑협》·《모험왕》·《영웅》등의 현대 액션 영화에 출연하여 탁월한 무술 실력을 선보였습니다.

문화지식 / 중국의 열차

중국 여행을 할 때 열차를 이용하는 것도 또 다른 재미가 있다. 중국에서는 종류는 약 7종류 정도의 열차들이 운행되고 있는데 다음과 같다.

- 特快(tèkuài) : 열차 중에서 가장 빠른 열차로서 최고180 km로 운행된다. 보통 에어컨이 설치 되어 있다. 열차 번호 앞에 [T.K.Z] 등이 붙는다.
- 直快(zhíkuài) : ‘特快’가 특급열차라면 이것은 급행열차이다. 우리나라의 고속버스와 직행버스의 차이 정도의 열차라고 보면 된다.
- 游(yóu) : 관광 전용 열차로 여행지와 여행지를 연결하는 기차이다. 시설은 아주 좋고 에어컨과 식수 공급이 잘 되는 기차이다.

이밖에 快客(kuàikè), 普客(pǔkè), 直客(zhíkè), 市郊(shìjiāo) 등의 열차가 있는데 인민열차로 불리는 아주 열악한 환경의 기차들이다.

또한 좌석의 종류도 여러 가지로 나뉘어 지는데 종류에 따라 가격이 다르다.

- 硬座(yìngzuò) : ‘딱딱한 의자’란 뜻을 가지고 있으며 90도 각도의 움직이지 않는 고정 의자로 되어있다.
- 软座(ruǎnzuò) : ‘부드러운 의자’란 뜻을 가지고 있으며 보통 장거리 열차에는 운행을 하

지 않고 있는 좌석 종류이다. 다른 칸의 사람들이 들어오지 못하게 하여서 비교적 안정적인 분위기를 느낄 수 있는 열차 칸이다.

- 硬卧(yìngwò) : 딱딱한 침대 열차로 한 칸에 6명이 타며 3층의 침대가 있다. 상, 중, 하의 침대에 따라 가격 차이가 틀린데 가장 비싼 곳은 맨 아랫 칸이다. 보온 물병이 설치되어 있고 생각보다 편안한 여행을 할 수 있다.

- 软卧(ruǎnwò) : : 부드러운 침대 열차로 최고의 시설을 갖추고 있다. 4인 1실로 운행되고, 문이 달려 있어 아주 쾌적한 여행을 할 수 있다. 보온병, 컵, 슬리퍼까지 준비되어 있으며 시트와 담요 등도 아주 깨끗한 것이 준비되어 있다. 최근의 신형 열차 중에는 객실간 전화, 개인용 LCD텔레비전이 설치된 것도 있다. 두 명의 복무원 아가씨가 배치되어 있으며 장거리의 경우에는 아침식사도 나온다.

我走路回家
나는 걸어서 집에 갑니다.

학습목표 목적지에 어떻게 가는지 교통수단 이름을 활용하여 대답할 수 있다.

✓ 통님 표현과 단어

중심 표현 下课以后, 你去哪儿? 怎么回家?   주요 단어 下课, 回家, 怎么

✓ Daily Routin

老师	你们喜欢汉语吗?	学生	很喜欢。
老师	汉语有意思吗?	学生	很有意思。

Review

1. 간단히 중국어로 인사하고, 중국어에 관심이 있는 학생을 지목하여 질문한다. 你喜欢看电影吗? 좋아한다고 하면, 星期六, 你跟我一起去看电影吧。라고 해 본다. 학생의 대답에 따라 적절히 반응하며 수업 분위기를 부드럽게 이끈다.
2. 이번 주 토요일의 계획을 옆 짝궁과 묻고 대답하게 하고, 3팀 정도 발표시킨다. 이때, 1과에서 배운 단어들(영화보기, 등산하기 등)을 활용하도록 한다.

무슨 맛일까 (闻一闻)

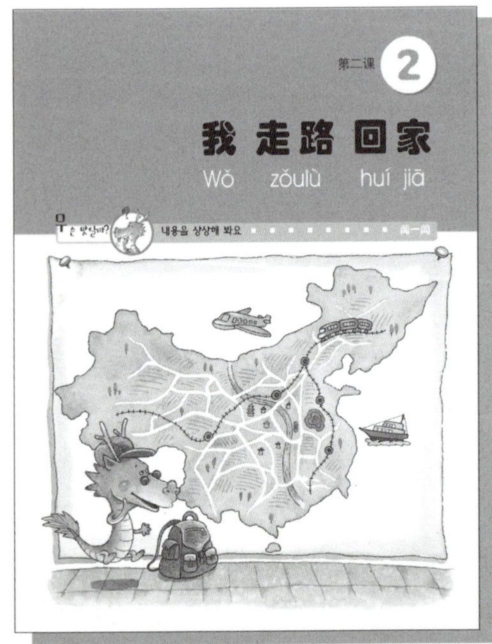

–자유롭게 이야기 할 수 있는 분위기 조성–

• 闻一闻, 今天要学什么内容?
  : 오늘은 무슨 내용을 배울 것 같지요?
• 看看图画。 : 그림을 보세요.
• 图画里有谁? : 그림에 누가 있나요?
• 它做什么? : 그가 무엇을 하고 있나요?

–자유스러운 학생들의 반응을 유도한다–

오늘은 다양한 교통수단을 배우고, 실제로 대화로 활용해 보는 연습을 할 거예요.

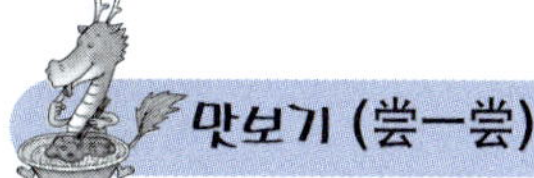

(1) 수업 진행

▶ '书上有什么人？' 책에 누가 있나요?
　　: 小龙, 佳佳

▶ '他们做什么？' 그들은 무엇을 하고 있나요?
　　: 하교길에 이야기를 나누고 있어요.

▶ '하교하다'는 중국어로 '下课'랍니다. 따라해 볼까요?
　　[학생들이 따라하도록 시킨다.]

▶ 그럼 무슨 이야기를 나누고 있는지 플래시를 한번 볼까요? 전체적으로 한번 들어 보세요.

▶ '你们听到什么内容？说一说吧。' 어떤 내용을 들었나요? 얘기해 보세요.
　　: 下课, 你, 家, 我, 去哪儿 등

⑵ 단어와 어법 설명

▶ 잘했어요. 먼저 샤오롱의 얘기를 들어 보세요.
  [샤오롱의 문장을 들려준다.]

▶ 뭐라고 했죠?
  [학생들이 정확하지 않더라도 따라 할 수 있도록 격려한다.]

  '佳佳,下课以后,你去哪儿? ' '以后'는 '이후'라는 뜻입니다. '你去哪儿'은 '너 어디가니?'죠?
  그럼 해석이 되겠죠?
  [한 학생을 지목하여 시켜 보고, 그 옆의 짝꿍은 중국어로 다시 얘기해 보도록 한다. 이렇게 2~3팀 연습시킨다.]

  쟈쟈의 대답을 들어 볼까요? '我回家。' 단무지를 한번 보세요. '家'는 '집'이고, '回'는 '돌
  아가다'죠? 집은 돌아가야 할 따뜻하고 행복한 곳이므로, 집에 가다는 '去'를 안 쓰고 '回'를
  쓴다는군요. 샤오롱의 다음 얘기를 들어 볼까요?

▶ 뭐라고 했죠? '怎么回家?' '怎么'는 '어떻게'라는 수단이나 방법을 묻는 의문사랍니다.
  [吃,走,喝,办 등을 활용하여 연습하도록 한다.]

▶ 그러면 무슨 뜻일까요? [학생이 대답하도록 한다.]

  그럼 쟈쟈의 대답을 들어 보겠습니다. '走路回家。' '走'는 '걷다', '路'는 '길'입니다. '걸어
  서 집에 가'가 되겠군요. 이번 과의 내용은 간단한 편이죠?

▶ '呢?'는 되묻는 표현으로, '…는?'이라는 뜻이예요. '너는? 你呢? ', '선생님'이 뭐였죠? '老
  师,그럼 '선생님은요?'는 뭘까요? 그렇죠. '老师呢?'입니다.
  그럼 '너희들은?'은 뭘까요? '你们呢?'

⑶ 연습

▶ 뜻을 생각하면서 다시 한번 들어 볼까요?
  [먼저 교사를 따라 여러 번 익숙할 때까지 읽고, 플래시를 들려주는 등 더 충분히 연습한다.]

▶ 1분단은 샤오롱, 2분단은 쟈쟈로 이야기해 볼까요?
  [플래시에서 해석만 보이게 하고, 중국어로 연습하도록 한다. 더 나아가 등장인물의 표정과 몸짓만 보고 회화할
  수 있도록 한다.]

 비비기 (拌一拌)

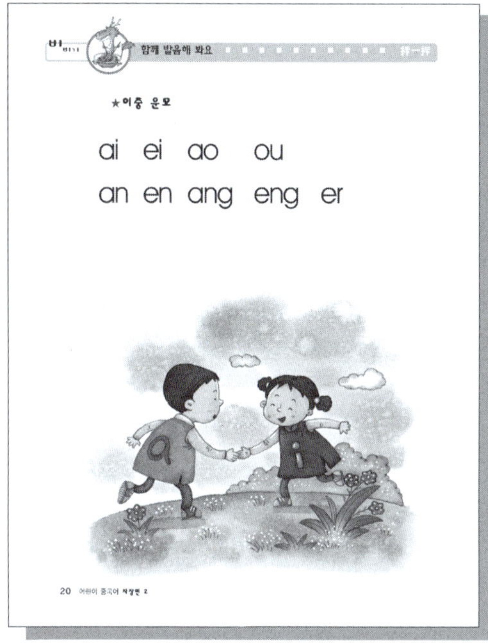

■ 발음 요령

ai 'a'와 'i'를 연이어 발음한다. '아이' 이 때 'a'가 길고 강하게 발음된다.

ei 'e'와 'i'를 연이어 발음한다. '에이' 이 때 'e'가 길고 강하게 발음된다.

ao 'a'와 'o'를 연이어 발음한다. '아오' 이 때 'a'가 길고 강하게 발음된다.

ou 'o'와 'u'를 연이어 발음한다. '오우' 이 때 'o'가 길고 강하게 발음된다.

an 'a'에 콧소리를 붙여 '안'으로 발음한다.

en 'e'에 콧소리를 붙여 '언'으로 발음한다.

eng 'e'에 콧소리를 붙여 '엉'으로 발음한다.

er 혀를 연구개(여린입천장)쪽으로 곧추세워 '얼'으로 발음한다.

■ 교사를 위한 발음지도 tip

1권 12과의 리듬젓가락으로 재미있게 연습한다.

■ 참고 단어

ai	来	lái	오다	海	hǎi	바다	买	mǎi	사다
ei	杯	bēi	잔, 컵	黑	hēi	검다	累	lèi	피곤하다
ao	饱	bǎo	배부르다	高	gāo	높다	好	hǎo	좋다
ou	都	dōu	모두	狗	gǒu	개	楼	lóu	(큰) 건물
an	班	bān	반, 조	饭	fàn	밥	看	kàn	보다
en	笨	bèn	어리석다	很	hěn	매우	门	mén	문
ang	放	fàng	내려놓다	狼	láng	늑대	忙	máng	바쁘다
eng	冷	lěng	춥다	梦	mèng	꿈	扔	rēng	버리다
er	二	èr	둘, 2	而	ér	그러나	耳朵	ěrduo	귀

 곱빼기 (再来一点)

마임 스피드 게임

1. 활동 목표

집에 어떻게 가는지에 대한 표현을 익혀 말할 수 있다.

2. 준비물

별다른 준비물은 필요 없으나 게임을 시작하기 전에 각 교통수단의 특징과 중국어 명칭을 숙지할 수 있도록 한다.

3. 활동 방법

(1) 표현 익히기

먼저 교재 21쪽의 곱빼기 삽화와 표현을 보면서 각각의 표현을 익힌다.

(2) 선긋기

표현을 익혔다고 생각이 들면 워크북 8쪽을 펴고 선긋기를 하여 정확히 표현을 익혔는지 체크해 본다.

(3) 마임 스피드 게임

① 먼저 두 팀으로 나누고 각 팀에서 정답을 대답할 사람을 뽑는다.

② 나머지 팀원이 교사가 보여주는 정답지를 보고 순서대로 마임을 한다.

③ 정답을 많이 맞춘 팀이 이기게 하거나, 어느 정도 익숙해졌을 경우엔 빠른 시간에 다 맞추는 팀이 이기도록 한다. 답을 맞추는 사람을 바꿔가며 연습할 수 있다.

[②와 ③의 활동은 순서를 바꾸어도 좋다. 2를 활동 마무리용으로 활용 가능하며, 시간이 부족할 경우 과제로 내도 좋다.]

■ 학습장

선긋기　　　　(학습장 8쪽 4번)

중국어를 읽고 바른 교통수단을 연결하도록 한다.

리듬젓가락 (节奏筷子)

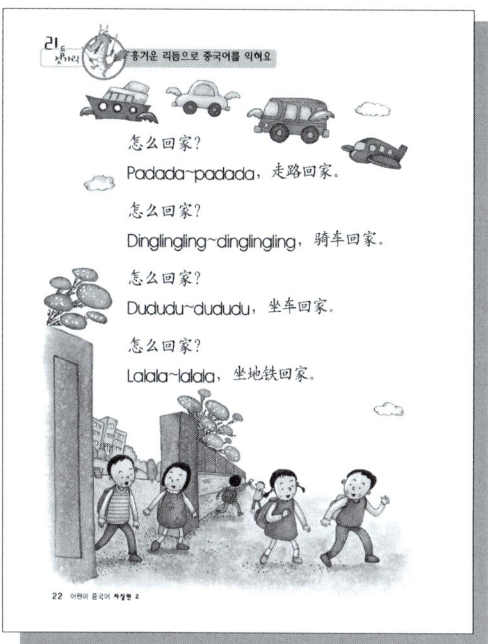

■ 리듬젓가락 내용 해석

어떻게 집에 돌아가니?
뚜벅뚜벅, 걸어서 집에 돌아가.
어떻게 집에 돌아가니?
따르릉따르릉, 자전거 타고 집에 돌아가.
어떻게 집에 돌아가니?
부릉부릉, 차를 타고 집에 돌아가.
어떻게 집에 돌아가니?
랄라라 라라라, 지하철 타고 집에 돌아가.

■ 리듬젓가락 듣고 따라 부르기

① 먼저 음악을 들려준다.
② 리듬젓가락을 듣고 따라 불러 본다.
③ 의성어만 따라 불러 본다.
④ 의성어와 뒷부분만 따라 불러 본다.
⑤ 전체를 다 불러 본다.
⑥ 질문과 대답 두 부분으로 나누어 불러 본다.
⑦ 질문, 의성어와 대답 세 부분으로 나누어 불러 본다.
⑧ 전체를 다시 한번 불러 본다.

note

수업을 더 재미있게 만드는 나만의 노하우

꺼억~ 맛있다

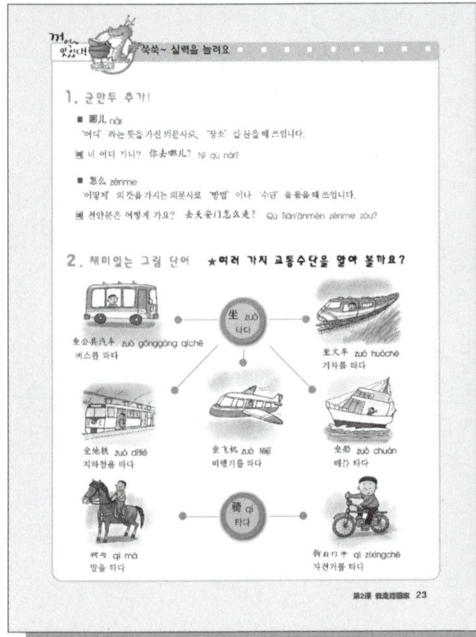

1. 재미있는 그림 단어

■ 여러가지 교통수단

- 坐 zuò 타다
- 坐公共汽车 zuò gōnggòng qìchē
  버스를 타다
- 坐火车 zuò huǒchē 기차를 타다
- 坐地铁 zuò dìtiě 지하철을 타다
- 坐飞机 zuò fēijī 비행기를 타다
- 坐船 zuò chuán 배를 타다
- 骑 qí 타다
- 骑马 qí mǎ 말을 타다
- 骑自行车 qí zìxíngchē 자전거를 타다

■ 보충 단어

- 坐出租汽车 zuò chūzū qìchē 택시를 타다
- 打的 dǎ dí 택시를 타다
- 坐公车 zuò gōngchē 버스를 타다

디저트(甜点心)와 교사를 위한 문화 지식

디저트 / 중국의 수도 베이징(北京)

베이징은 중화인민공화국의 수도로 허베이성(河北省) 중앙부에 자리 잡고 있으며 1,382
만 명이 살고 있는 큰 도시입니다. 1,000년의 역사를 가지고 있는 베이징 시내 곳곳에는 헤
아릴 수 없을 정도로 많은 명승·고적이 있습니다.

옛날 명(明)·청(清)나라의 황궁이었던 자금성(紫禁城 Zǐjìnchéng)은 현재 박물관이 되어
일반에 공개되고 있는데 '고궁'이라고 불립니다. 명나라 때인 1407년에 짓기 시작하여
1420년에 완성되었고 모두 24명의 황제가 이곳에서 살았습니다. 방의 수는 9,900여 칸이

라고 알려져 있는데 하룻밤씩만 자더라도 27년이 걸리는 세계에서 가장 큰 황궁입니다. 1987년 세계문화유산으로 지정되어 매년 600~800만 명의 국내외 관광객이 다녀가고 있습니다.

이밖에 40만 명을 수용할 수 있는 천안문 광장, 명나라 13명의 황제가 묻혀 있는 '스싼링', 중국 남쪽의 아름다운 호수인 서호를 본떠 만든 '이허웬', 그리고 황제가 하늘에 제사를 지내던 '천단공원'도 유명합니다. 또 서북쪽으로 자동차로 두 시간 거리에는 만리장성의 '빠다링', '쥐용관' 등의 유적지도 유명합니다. 볼거리로는 경극이 유명하고, 먹거리로는 북경오리구가 유명합니다. 고대와 현대가 함께 있는 도시 베이징은 2008년 제29회 여름 올림픽 경기대회 개최지이기도 합니다.

기간 : 2008년 8월 8일 ~ 8월 24일

슬로건 : 하나의 세계, 하나의 꿈 (同一个世界,同一个梦想。 One World One Dream)

베이징 시 당서기인 류치(刘淇) 베이징올림픽 조직위원장은 "이 슬로건은 중국과 세계가 손잡고 아름다운 사회를 건설하고 문명의 성과를 공유하며 미래의 숭고한 이상을 창조하자는 의미를 담고 있다."고 설명했다.

베이징 올림픽 마스코트는 중국을 대표하는 동물과 이미지를 상징한다.

마스코트는 팬더, 제비, 영양, 물고기 등 4종의 동물과 올림픽 성화를 각각 형상화한 것으로 이 마스코트 전체를 푸와(福娃, 복덩이란 의미)라고 부른다.

이들에게는 각각 베이베이(贝贝 Beibei ; 물고기), 징징(晶晶 Jingjing ; 판다), 환환(欢欢 Huanhuan ; 성화), 잉잉(迎迎 Yingying ; 영양), 니니(妮妮 Nini ; 제비)란 이름이 붙여졌다. 3명의 여자 아이와 2명의 남자 아이로 의인화된 이들 마스코트의 이름을 이어 부르면 '北京欢迎你。 베이징은 당신을 환영한다.'는 의미가 된다.

你晚上几点睡觉?

당신은 저녁 몇 시에 자나요?

25page

학습 목표 시간을 묻고 답할 수 있다.

통님 표현과 단어

✓ 중심 표현   你晚上几点睡觉?   주요 단어   晚上, 作业, 电视, 上网, 几, 点, 睡觉

Daily Routin

✓ 老师   你们喜欢汉语吗?
学生   很喜欢。
老师   汉语有意思吗?
学生   很有意思。

Review

1. 2과의 곱빼기 마임스피드 게임의 삽화(자전거타기, 버스타기 등)를 활용하여, 갖가지 교통
   수단을 다시 한번 복습한다.
2. 집에 어떻게 가는지 몇 명에게 물어보고, 짝꿍끼리도 연습할 수 있도록 한다

무슨 맛일까 (闻一闻)

– 자유로운 분위기를 조성하며 대화 중간에 자연
스럽게 학생들의 반응을 유도한다 –

• 즐거운 중국어 시간이 또 돌아왔습니다.
• 闻一闻。今天要学什么内容? : 오늘은 무슨
  내용을 배울 것 같죠?
• 你们猜一猜吧。 : 한번 추측해 보세요.
• 看看图画。 : 그림을 보세요.
• 图画里有谁? : 그림에 누가 있나요?
• 오늘은 시간을 묻고 대답하는, 간단한 생활
  회화를 해 보도록 하겠습니다.

(1) 수업 진행

-교재의 그림을 보도록 한다-

▶'书上有什么人? ' 책에 누가 있나요?
  : 东东, 佳佳, 玲玲

▶'他们做什么?'그럼 그들은 무엇을 하고 있나요?
  : 이야기를 나누고 있어요. 그렇죠. 동동과 쟈쟈가 이야기를 나누고 있고 동동의 여동생 링링은 둘 옆에서 놀고 있네요.
  [미리 알아 두면 본문을 이해하는 데 도움이 되는 단어를 몇 개 짚어 준다.]

▶'영화'가 뭐였을까요? '电影', '보다'는? '看', 중국어로 '텔레비전'은 '电视'랍니다. '텔레비전을 보다'는 '看电视'가 되겠군요. '하다'는 뭐였죠? '做', '숙제'는 중국어로 '作业'랍니다. 그러므로 '숙제를 하다'는 '做作业'가 됩니다.
  [입과 귀에 익숙해지도록 여러 번 따라 읽는다.]

▶그럼 무슨 이야기를 나누고 있는지 플래시를 한번 볼까요? 전체적으로 한번 들어 보세요.

- 플래시의 전체 내용을 들려 준다-

23

▶ '你们听到什么内容? 说一说吧。' 어떤 내용을 들었나요? 얘기해 보세요.
  : 做什么, 做作业, 看电视, 几 등
  '很好。' 참 잘했어요.

(2) 단어와 어법 설명

–대화 내용을 전체적으로 설명한다–

▶잘 들었나요? 좀 길게 느껴지나요? 알고 보면 쉽답니다.

▶그럼 내용을 자세히 살펴보겠습니다.
 쟈쟈의 얘기를 들어 보세요. '东东, 你晚上都做什么?'[플래시에서 쟈쟈의 대화를 들려준다.]
 뭐라고 했죠? '你做什么?' 들리나요? '뭐하냐'는 소리죠? 그럼 그 앞에 나온 말 '晚上'은요?
 '晚上'은 '저녁'이랍니다. '都'는 '모두' 라는 뜻인데, 여기서는 굳이 해석을 안 해도 되요. 알
 고 보니 쉽죠? [여러 번 따라하도록 한다.]

▶동동의 대답을 들어 볼까요? [플래시에서 동동의 대화를 들려준다.]
 뭐라고 했죠? '做作业、看电视, 跟妹妹'까지 들었다구요? 와~, 그 외에 또 동동은 '上网–인
 터넷'도 접속하구요. 여동생이랑 '玩儿–논다'는 군요. 다시 한번 해 볼까요?
  [학생들이 정확하지 않더라도 따라할 수 있도록 격려한다.]

▶그 다음 문장을 볼까요? '你晚上几点睡觉?'
  [학생들이 정확하지 않더라도 따라할 수 있도록 격려한다.]

 '几'는 몇, '点'은 '…시'랍니다. '睡觉'는 '잠자다'구요. 너 저녁 몇 시에 자니? 가 되겠군요.
 동동의 대답을 들어보죠. '十点睡觉。' 숫자 들리죠? 10시라는군요. 오늘은 새로운 단어가
 많았어요. 연습을 통해 완전히 내 것으로 만드는 수밖에요.
  [손뼉을 치며, 단어를 익숙해지도록 하는 것도 좋다. 예를 들어, 무릎 두 번치고 박수 두 번치는 박자로 '하나,
  둘, 숙제는? 하나, 둘, 作业! 하나, 둘, 텔레비전은? 하나, 둘, 电视! 하나, 둘, 자다는? 하나, 둘, 睡觉! 등]

(3) 연습

▶뜻을 생각하면서 다시 한번 들어 볼까요?
  [먼저 교사를 따라 여러 번 익숙할 때 까지 읽고, 다시 플래시를 들려 주는 등 충분히 연습한다.]

▶1분단은 동동, 2분단은 쟈쟈로 이야기해 볼까요?
  [플래시에서 해석만 보이게 하고, 중국어로 연습하도록 한다. 더 나아가 등장인물의 표정과 몸짓만 보고 회화할
  수 있도록 한다.]

비비기 (拌一拌)

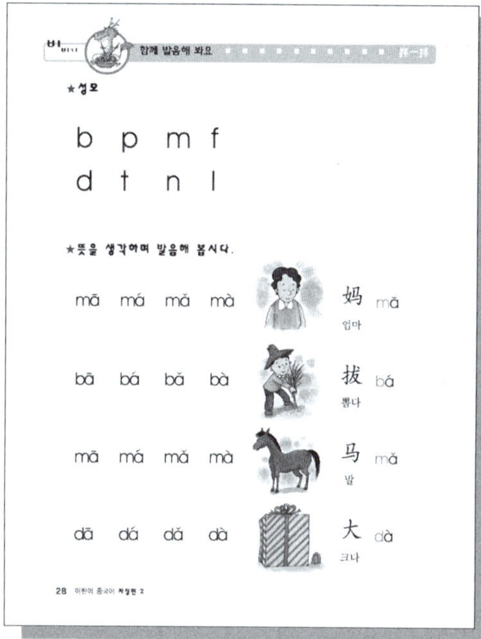

■발음 요령

b 두 입술을 붙였다 가볍게 떼면서 'bo'라고 발음한다. 성대 진동은 없다.

p 두 입술을 붙였다 떼면서 강하게 공기를 내 뿜으며 'po'라고 발음한다.

m 두 입술을 다물고 숨이 코로 나가도록 하면서, 'mo'라고 발음한다.

f 윗 이빨을 아랫 입술에 가볍게 대었다 떼면서 'fo'라고 발음한다.

d (설첨음, 무기음) 혀끝을 윗니 뒤쪽에 대었다 떼면서 나는 소리이다. 성대 진동은 없다.

t (설첨음, 유기음) 혀끝을 윗니 뒤쪽에 대었다 떼면서 숨을 강하게 내보내며 발음한다. 성대 진동은 없다.

n (설첨음, 비음) 혀끝을 윗니 뒤쪽에 붙이고, 숨을 코로 내보내며 발음한다. 성대를 진동시켜 발음한다.

l (설첨음, 측면음) 혀끝을 윗잇몸에 붙이고 숨이 혀의 양쪽 사이로 나가도록 발음한다. 성대를 진동시켜 발음한다.

■교사를 위한 발음지도 tip

1권 12과의 리듬젓가락으로 재미있게 연습한다.

■참고 단어

b	杯	bēi	잔, 컵	报	bào	신문	p	爬	pá	오르다	票	piào	표
m	马	mǎ	말	买	mǎi	사다	f	法	fǎ	법	风	fēng	바람
d	岛	dǎo	섬	等	děng	기다리다	t	太	tài	매우	天	tiān	하늘
n	男	nán	남자	鸟	niǎo	새	l	来	lái	오다	脸	liǎn	얼굴

곱빼기 (再来一点)

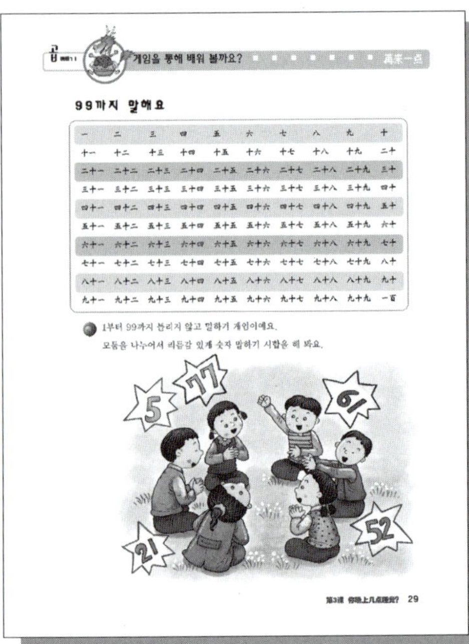

1. 활동 목표

1부터 99까지의 숫자를 말하고, 간단한 시간 표현을 할 수 있다.

2. 활동 방법

① 두세 팀으로 학생을 나눈다.

② 1박자나 2박자의 리듬으로 숫자말하기를 진행한다.

③ 틀리면 처음부터 다시 말하거나 11, 21, 31… 등으로 돌아가서 다시 시작한다.

④ 가장 먼저 틀리지 않고 99까지 말한 팀이 점수를 얻는다.

■학습장

바르게 시간을 읽은 친구를 찾아요.　　(학습장 12쪽 6번)

• 사다리 타기 : 사다리를 탄 후 친구들이 잠자는 시간을 말해 보도록 한다.

note

수업을 더 재미있게 만드는 나만의 노하우

리듬젓가락 (节奏筷子)

■ 리듬젓가락 내용 해석

지금은 몇 시인가요?
지금은 아홉 시예요. 저는 자야겠어요.
안녕히 주무세요!

지금은 몇 시인가요?
지금은 아홉 시예요. 저는 자야겠어요.
안녕히 주무세요!

■ 리듬젓가락 지도하기

① 먼저 노래를 들어 본다.
② 무슨 내용인지 물어 본다.
③ 알아들은 가사(말)를 말해 보도록 한다.
④ 몇 시에 잔다고 하는지 물어 본다.
⑤ 다시 들어 본다.
⑥ 한 소절씩 따라 불러 본다.
⑦ 다 같이 불러 본다.
⑧ 질문과 대답 부분으로 나누어 불러 본다.(마지막의 인사는 같이 한다.)

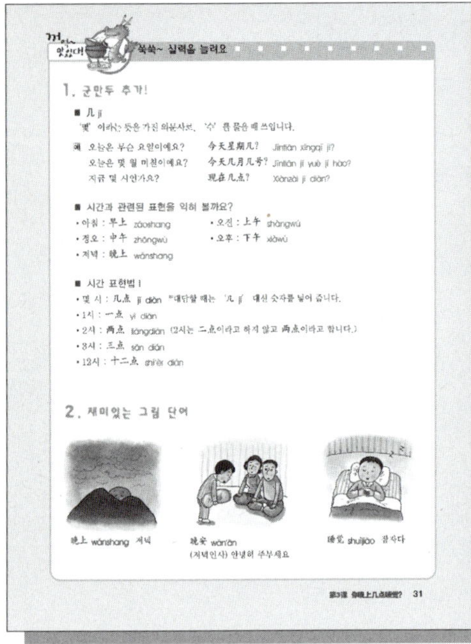

2. 재미있는 그림 단어

■밤, 밤 인사

- 晚上 wǎnshang 저녁
- 晚安 wǎn'ān (저녁인사)
  안녕히 주무세요
- 睡觉 shuì jiào 잠자다

■때와 관련된 표현

- 早晨 zǎochén 새벽
- 早上 zǎoshang 아침
- 上午 shàngwǔ 오전
- 中午 zhōngwǔ 정오
- 下午 xiàwǔ 오후

디저트(甜点心)와 교사를 위한 문화 지식

디저트 / 중국의 명절(春节)

중국에서 양력 1월 1일은 원단이라고 하며 음력 1월 1일은 춘절이라고 합니다. 음력 1월 1일 '춘절(春节 Chūn Jié)'은 중국 최대의 전통 명절입니다. 우리의 설날과 같이 흩어졌던 가족이 한데 모여 새해를 축복하고 서로의 건강과 복을 기원합니다.

춘절 행사는 12월 마지막 날 밤에 잠을 안 자고 새해가 밝기를 기다리는 쏘우쒜이(守岁 shòusuì)로부터 시작됩니다. 이 날 밤이 되면 중국인들은 집집마다 가족이 둘러앉아 만두를 만들며 밤을 새웁니다. 재미있는 것은 깨끗하게 씻은 동전을 넣고 만두를 찌기도 하는데 동전이 들어있는 만두를 먹는 사람은 일년 동안 재운(財運)이 있다고 믿기 때문입니다. 밤이 깊으면 집집마다 폭죽을 터뜨리는데 이는 악귀를 쫓기 위함이라네요.

춘절 아침 식사에는 생선이 빠지지 않는데, 이는 생선(鱼 yú)의 발음과 여유로움을 뜻하는

'余 yú'가 발음이 같아서 생선을 먹음으로 일년 내내 풍요롭기를 기원하는 것입니다. 방 안의 벽에는 잉어를 안고 있는 아기의 그림과 같은 연화(年画)를 걸어 놓습니다. 대문에 '복(福)'자(字)를 거꾸로 붙여 놓는 풍습도 있는데, 손님이 들어오다가 이를 보고 "어, 복(福)이 거꾸로 되었어요."라고 말하는 것이 중국어로 "복이 들어왔어요(福到了)"라는 말과 발음이 같기 때문입니다.

문화지식 / 春节(Chūn Jié) 음력설

중국의 전통 명절로, 음력 정월 초하룻날 즉 1월 1일을 말한다. 우리로 치면 설날을 뜻하는데 원래는 한 해의 으뜸날 아침을 뜻하는 원단(元旦), 신년(新年) 등으로 쓰였다. 1911년 신해혁명(辛亥革命) 때 서력 기원을 채택하면서 당시 중화민국 정부에서 이 날을 춘절로 부르기 시작하였고, 1949년 9월 중국이 공식적으로 서력 기원을 채택하면서부터 양력 1월 1일은 원단, 음력 정월 초하루는 춘절로 정해졌다.

춘절 행사는 섣달 그믐날 밤을 새우는 쏘우쉐이(守岁)로부터 시작된다. 쏘우쉐이(守岁)의 뜻은 지난 1년을 보내고 오는 새해를 맞이 하기 위하여 해(岁)를 잠을 자지 않고 지킨다(守)는 의미이다. 이 날 밤에는 집집마다 가족이 둘러앉아 만두를 빚고 가족끼리 지난 한해를 이야기하며 담소를 나누면서 밤을 샌다. 이때 재미있는 것은 만두 속에 깨끗하게 씻은 동전을 만두 속으로 넣기도 하는데, 동전이 들어있는 만두를 먹는 사람은 일년 동안 재운(财运)이 있다고 믿는다. 또한 밤이 깊으면 집집마다 폭죽을 터뜨리는데 이는 악귀를 쫓기 위함이다. 춘절에 먹는 음식으로는 생선이 빠지지 않는다. 이는 생선(鱼 yú)의 발음과 여유와 풍요로움을 뜻하는 余(yú)의 발음이 같아 생선을 먹음으로 일년 내내 풍요롭기를 기원하는 중국인들의 마음을 담고 있기 때문이다.

우리와 달리 중국에서 추석은 당일에도 학교, 관공서, 회사들은 정상 근무를 하며 평상시와 다름없다. 그러나 춘절 연휴는 공식적으로는 3일이지만, 일반인들은 직장의 사정에 따라 짧게는 1주일에서 길게는 보름까지도 계속된다. 땅이 워낙 넓다 보니 고향까지 열차로 가는 데만 2~3일씩 걸리기 때문이다.

또 집집마다 대문에 춘련(春联)이라는 대구의 글귀(대련)를 써서 붙이고, 방 안의 벽에는 잉어를 안고 있는 아기의 그림과 같은 연화(年画)를 붙이거나 걸어 놓는다. 대문에 '복(福)'자(字)를 거꾸로 붙여 놓는 풍습도 있는데, 중국어로 읽으면 '복이 들어온다.(福到了)'는 뜻이 되기 때문이다.

⊙ 중국의 기념일

명칭	날짜	의미	비고
劳动节	5월 1일	국제노동절	휴일
国庆节	10월 1일	1949년 中華人民共和國 건국 기념	휴일
妇女节	3월 8일	국제 노동 부녀일 기념	휴일
青年节	5월 4일	1919년 5·4운동 기념	휴일
儿童节	6월 1일	국제 아동일	휴일
建军节	8월 1일	1927년 南昌蜂起 기념	휴일
教师节	9월 10일	스승의 날	비휴일
共产党成立纪念日	7월 1일	중국공산당 결성 기념일	비휴일
辛亥革命纪念日	10월 10일	신해혁명 기념일	비휴일

我想吃冰淇淋

나는 아이스크림이 먹고 싶어요.

33page

학습 목표 　중국어로 먹고 싶은 것, 마시고 싶은 것을 말할 수 있다.

✔ 중심 표현과 단어

중심 표현　我想吃…, 我想喝…, 我给你…

주요 단어　给, 买, 喝, 杯

✔ Daily Routin

老师	你们喜欢汉语吗?
学生	很喜欢。
老师	汉语有意思吗?
学生	很有意思。

Review

1. 시계를 보면서 '现在几点?'이라고 물어 보며 시간 표현을 다시 한번 복습한다.
2. '你昨天几点睡觉?'라고 물어 본다. '睡觉' 대신 다양한 일상사를 물어볼 수 있다.

무슨 맛일까 (闻一闻)

– 교사는 자유롭게 이야기할 수 있는 분위기를 조성하며 수업을 진행한다–

- 즐거운 중국어 시간이 또 돌아왔습니다.
- 闻一闻. 今天要学什么内容? : 오늘은 무슨 내용을 배울 것 같죠?
- 看看图画。 : 그림을 보세요.
- 图画里有谁? : 그림에 누가 있나요?
- 他做什么? : 그는 무엇을 하고 있나요?

- 먹고 싶은 것도, 마시고 싶은 것도 많은 때죠? 콜라는 중국어로 무엇일까요? 아이스크림은 무엇일까요? 오늘은 먹고 싶은 것, 마시고 싶은 것을 이야기하는 연습해 보겠습니다. 즐거운 회화시간 시작해 볼까요?

맛보기 (尝一尝)

(1) 수업 진행

–교재의 그림을 보도록 한다–

▶ '书上有什么人?' 책에 누가 있나요?
  : 玲玲, 东东

▶ '他们做什么?' 그러면 그들은 무엇을 하고 있나요?

–플래시를 보도록 한다–

▶ 자, 그럼 플래시를 한번 볼까요? 전체적으로 한번 들어 보세요.
'你们听到什么内容? 说一说吧。' 어떤 내용을 들었나요? 얘기해 보세요.
[학생들의 대답을 집중하여 듣는다.]

'哥哥。' 그렇죠! 링링이 동동을 부르는 말이죠. '오빠!' 군요. 또요? '给'라구요? 와~! 1권
의 '送给你'를 기억하고 있군요. 또 무엇을 들었나요? '想,什么' 음… 좋아요.

(2) 단어와 어법 설명

▶ 그러면 이번엔 한 문장씩 들어 보도록 할까요? [링링의 문장만 들려준다.]
뭐라고 얘기했나요? '哥哥。' 그래요. '오빠', '冰淇淋'은 '아이스크림'이랍니다. '吃'는 '먹
다'입니다. '我想吃冰淇淋。' 무슨 뜻인지 알겠지요?

▶그럼 동동의 대답을 들어 볼까요? [동동 부분만 듣는다.]

　'我给你钱,你自己去买吧。' 좀 어렵죠? '钱'은 '돈'이에요. '내가 너에게 돈을 줄게.' '自己'는 스스로', '去'는 '가다' '买'는 '사다'예요. 동동이 링링에게 물건 사는 법을 가르쳐주고 싶은 모양이예요. 링링이 신났겠죠? 뭐라고 했는지 들어 볼까요?

▶'好的。哥哥,你想吃什么?' '好的。' '좋아!'예요. 나머지 문장은 '오빠는 뭘 먹고 싶어?'겠죠. 동동의 대답을 볼게요. '我想喝一杯可乐。' '喝'는 '마시다'예요. 우리나라 말의 나무 한 '그루', 연필 한 '자루', 꽃 한 '송이'처럼 물건 등을 세는 단위를 양사라고 하는데, '杯'는 컵을 세는 양사랍니다. '可乐'는 '콜라'구요. 발음도 비슷하죠? 난 '콜라 한 잔을 마시고 싶어.'겠군요.

(3) 연습

▶뜻을 생각하면서 다시 한번 들어볼까요?

　[먼저 교사를 따라 여러번 익숙할 때까지 읽고, 다시 플래시도 들려준다.]

아직 익숙하지 않죠? 연습을 통해 자연스러워져야 대화가 가능해진답니다.

- 학생들이 외울 수 있도록 분단별, 개인별로 지목해서 연습시킨다.
- 처음에는 주요단어를 칠판에 제시해 주고 말해 보도록 하고, 그 다음은 해석만 보고, 중국어로 말하도록 한다.
- 궁극적으로는 화면을 보면서 대화할 수 있도록 한다.

note

수업을 더 재미있게 만드는 나만의 노하우

 ## 비비기 (拌一拌)

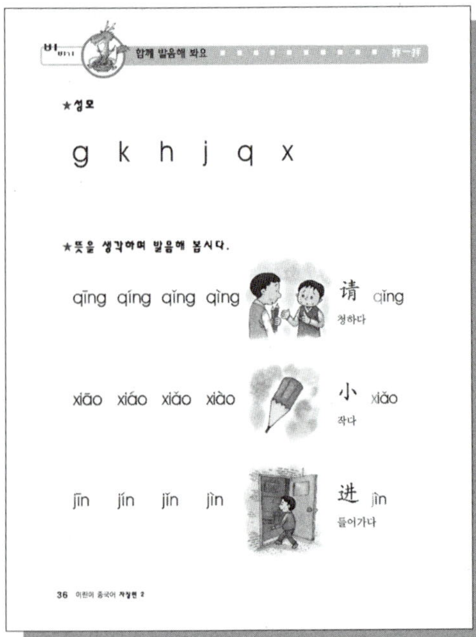

■ 발음 요령

g (설근음, 무기음) 혀 뿌리를 들어올려 입천장 뒤쪽(연구개-여린입천장)에 붙였다 떼면서 발음한다.

k (설근음, 유기음) 혀뿌리를 들어올려 입천장 뒤쪽에 붙였다 떼면서 숨을 세게 파열시키듯이 내보내면서 발음한다.

h (설근음, 마찰음) 혀뿌리를 여린입천장 뒤쪽에 가깝게 하여 혀 뿌리와 입천장 사이로 숨을 마찰시켜 내보내면서 발음한다.

j (설면음, 무기음) 혀끝을 아랫니 뒤쪽에 대고, 혀는 최대한 아래쪽으로 내리고, 입을 양쪽으로 당기면서 발음한다.

q (설면음, 유기음) 혀의 위치와 모양은 'j'와 같지만, 숨을 좀더 강하게 내뱉으며 발음한다.

x (설면음, 마찰음) 혀는 최대한 아래쪽으로 내리고, 혓바닥 앞부분과 아랫니 사이의 공간으로 숨을 마찰시켜 발음한다.

■ 교사를 위한 발음지도 tip

1권 12과의 리듬젓가락으로 재미있게 연습한다.

■ 참고 단어

g	高	gāo	높다	给	gěi	주다
k	开	kāi	열다	快	kuài	빠르다
h	花	huā	꽃	红	hóng	붉다
j	鸡	jī	닭	家	jiā	집
q	青	qīng	푸르다	球	qiú	공
x	西	xī	서쪽	象	xiàng	코끼리

34

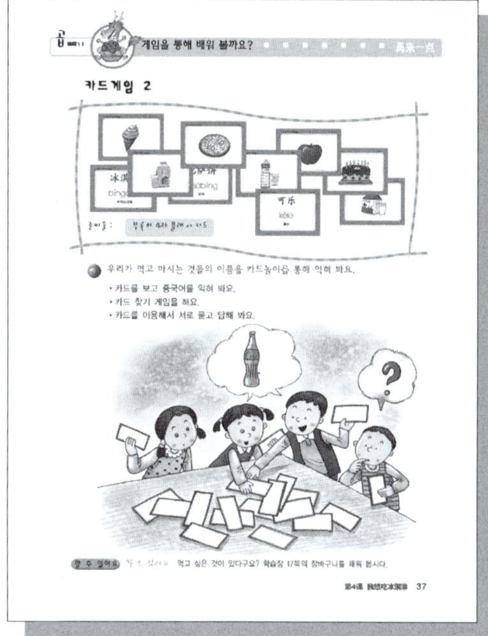

즐거운 카드게임

1. 활동 목표
카드놀이를 통해 먹고 마실 것의 이름을 익힐 수 있다.

2. 준비물
교재 뒤쪽 부록의 플래시 카드를 오려 사용한다. 먹을 거리, 마실 거리 각 4종, 총 8장의 해당 플래시 카드가 있다.

3. 활동 방법
(1) 먹을 것 이름 익히기 : 먹을 것과 마실 것의 이름을 중국어로 익혀 본다.
   ① 교사가 말하는 것을 듣고 따라 말하기
   ② 교사가 말하는 것을 듣고 맞는 카드 찾기
   ③ 교사가 말하는 것을 듣고 적절한 카드를 찾으면서 따라 말하기
   ④ 교사가 말하는 것을 듣고 적절한 카드를 찾으면서 따라 말하기

(2) 빨리 집기 게임
   ① 카드를 그림이 보이게 펼쳐 놓고, 교사가 말하는 단어에 해당하는 카드를 빨리 집기.
   ② 카드를 중국어가 보이게 펼쳐 놓고, 교사가 말하는 단어에 해당하는 카드를 빨리 집기.

(3) 묻고 답하기
   ① 반 학생 전체가 발표하는 학생에게 큰 소리로 무엇이 먹고 싶은지 묻는다.
   ② 해당 학생은 일어서서 카드 중에서 자기가 먹거나 마시고 싶은 것을 골라 답한다.

■ 학습장

> 서로 어울리는 친구들을 찾아 주세요.   (학습장 15쪽 4번)

- 동사 '吃 / 喝'와 어울릴 수 있는 그림 단어를 찾아 쓰게 하고 '我想吃… / 我想喝…'를 활용하여 무엇이 먹고 싶은지, 무엇을 마시고 싶은지를 표현해 보도록 한다.

장바구니를 채워 볼까요?　　　　(학습장 17쪽)

- 장바구니의 비어 있는 곳에 먹고 싶은 것을 그려 넣도록 한다.
- 그림을 그리고 나면 중국어 문장으로 먹고 싶다는 표현을 써 보도록 한다.

리듬젓가락 (节奏筷子)

■리듬젓가락 내용 해석

먹자, 먹자, 먹자, 먹자, 먹자~
너는 뭘 먹고 싶니?
나는 아이스크림이 먹고 싶어.

마시자, 마시자, 마시자, 마시자~
너는 뭘 마시고 싶니?
나는 우유를 마시고 싶어.

■리듬젓가락 지도하기

① 먼저 음악을 들려준다.
② 알아들은 가사(말)를 말해 보도록 한다.
③ 吃吃吃吃吃吃, 喝喝喝喝喝喝喝, 부분만 따라 불러 본다.
④ 질문 부분만, 대답 부분만 따라 불러 본다.
⑤ 모둠을 나누어 질문과 대답으로 나누어 따라 불러 보도록 한다.
⑥ 한 소절씩 따라해 본다.
⑦ 전체를 다 같이 불러 본다.

■해 볼 만한 지도법

게임하며 부르기
① 두 명씩 짝지어서 4가지 먹을 것과 4가지 마실 것 이름을 순서대로 넣어 부르도록 한다.
② 제대로 묻고 답하며 부르면 보상을 해 준다.

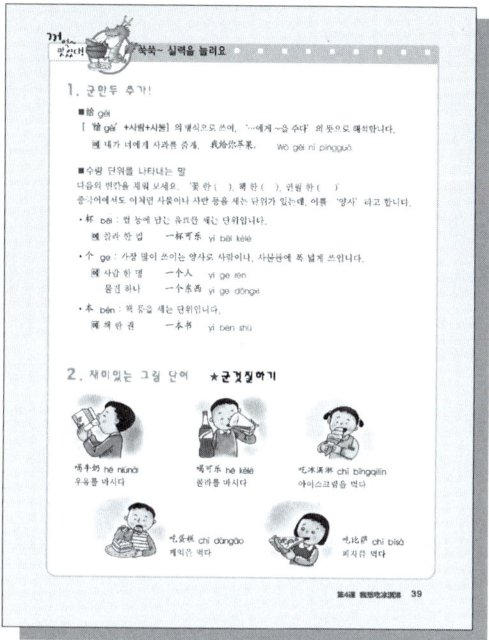

1. 재미있는 그림 단어

- 喝牛奶 hē niúnǎi 우유를 마시다
- 吃冰淇淋 chī bīngqílín 아이스크림을 먹다
- 喝可乐 hē kělè 콜라를 마시다
- 吃蛋糕 chī dàngāo 케익을 먹다
- 吃比萨 chī bǐsà 피자를 먹다

■ 다양한 먹거리

- 汽水 qìshuǐ 사이다
- 水 shuǐ 물
- 沙拉 shālā 샐러드
- 饼干 bǐnggān 비스켓

- 芬达 fēndá 환타
- 汉堡包 hànbǎobāo 햄버거
- 三明治 sānmíngzhì 샌드위치
- 巧克力 qiǎokèlì 초콜릿

디저트(甜点心)와 교사를 위한 문화 디닉

디저트 / 중국의 사막과 황사 현상

봄만 되면 중국으로부터 불어오는 황사는 우리에게 큰 위협이 되고 있습니다. 황사는 왜 생길까요? 중국에서는 매년 서울 면적의 4배가 넘는 땅이 사막화되고 있다고 합니다. 중국 사막의 대부분이 북서부 지역에 분포되어 있는데 그 중에서도 고비 사막, 타클라마칸 사막, 오르도스 사막이 황사의 진원지입니다. 히말라야 산맥과 시베리아의 찬공기가 사막의 더운 공기와 만나 바람을 일으키고 바람에 실린 미세먼지가 수천 킬로미터를 이동하는데 이것이

바로 황사입니다. 가뭄으로 풀과 나무가 말라 죽으면 여기에 사막이 생기고 다시 사막에서 황사가 일어납니다. 그래서 우리나라와 중국이 협력하여 사막에 나무를 심는 사업을 진행하고 있습니다.

중국은 가뭄을 인공강우라는 방법으로 해소하려고 노력하고 있습니다. 중국 기상당국은 로켓과 비행기를 동원하여 비를 내리는 인공강우 작업을 실시하여 가뭄 피해가 극심했던 지역에 100 ㎜가 넘는 비를 내리게 하였다고 합니다. 인공강우는 로켓이나 비행기, 대포를 이용해 드라이아이스와 요오드화은 등을 구름 속에 뿌려 비를 내리게 하는 것입니다. 현재 중국에는 많은 인공강우 시설이 갖추어져 있습니다.

여기서 잠깐! 중국에서 가장 추운 곳과 더운 곳은 어디일까요? 가장 추운 곳은 얼음의 나라 하얼빈이지요. 겨울에는 얼음과 눈으로 각종 조각품들을 전시하는 빙등제로 유명하지요. 종종 영하 40 ℃까지 내려간다니 정말 춥지요.

가장 더운 곳은 중국 서쪽의 투루판 지역입니다. 투르판은 전국에서 가장 더워 여름 기온이 최고 47.7 ℃까지 올라가기 때문에 불화(火)자를 써서 화주(火州)라고도 부른답니다.

문화지식 / 중국의 기후

한반도 면적의 약 44배에 해당하는 중국의 기후를 한마디로 말하기는 어렵다. 중국의 많은 지역이 온대 기후이며, 남방의 일부 지역은 열대·아열대 기후에 속하고, 북부 지역은 한대 기후이다. 북방은 여름이 짧고 겨울이 춥고 길며, 남방은 나무가 사철 푸른 완연한 열대·아열대 기후이고, 동부 지방은 온화하고 습기가 많으며 사계절이 뚜렷한 것이 특징이다. 남북간의 기온차가 커서 북방의 하얼빈(哈尔滨) 사람들이 빙등제(冰灯节)를 구경할 때 남방의 광주(广州)에는 꽃이 만발하여 봄기운을 느낄 수 있다. 1월 평균 기온은 중국 전체의 약 60%가 0 ℃ 이하이며 신장웨이우얼(新疆维吾尔)자치구 서부와 중가리아 분지 같은 곳은 영하 20 ℃까지 내려간다. 서북부 지역은 밤낮의 기온차가 심하며, 서남부의 청장고원은 1년 내내 기온이 비교적 낮은 특수 고한 지대를 이루고 있다. 또한 바다에서 떨어진 대륙성 기후라 우리나라와 비교할 때 같은 위도선 상에 있는 지역이라도 여름에는 우리보다 더 덥고 겨울에는 더 춥다.

전국 강수량의 지역 분포도 고르지 않다. 동남부 지역은 비교적 강수량이 많아 많은 곳은 6,577.8 ㎜에 이르고, 서북부의 강수량이 적은 투루판 분지는 연평균 강수량이 10 ㎜에도 미치지 못한다.

⊙ 중국 주요 도시의 월평균 기온(℃)

	1월	2월	3월	4월	5월	6월	7월	8월	9월	10월	11월	12월
북경	-4.7	-2.3	4.4	13.2	20.2	24.2	26.0	24.6	19.5	12.5	4.0	-2.8
천진	-4.0	-1.6	5.0	13.2	20.2	24.1	26.4	25.5	20.8	13.6	5.2	-1.6
하얼빈	-19.7	-15.4	-5.1	6.1	14.3	20.0	22.7	21.4	14.3	5.9	-5.8	-15.5
장춘	-16.0	-13.0	-4.0	6.7	15.0	20.0	23.0	22.0	15.0	6.8	-4.0	-13.0
심양	-12.0	-9.0	0.0	9.0	17.0	21.0	25.0	24.0	17.0	9.4	0.0	-8.0
대련	-4.9	-3.4	2.1	9.1	18.5	19.4	23.0	20.9	20.6	13.6	5.8	-1.3
연길	-18.0	-15.0	-4.5	6.0	14.4	20.0	22.8	21.7	14.8	6.5	-5.0	-14.0
상해	3.5	4.6	8.0	14.0	19.0	23.0	28.0	28.0	24.0	18.0	12.0	6.0
항주	3.8	5.0	9.0	15.0	20.0	24.0	29.0	28.0	23.0	18.0	12.0	6.0
제남	1.4	1.1	7.6	15.2	21.8	26.3	27.4	26.2	21.7	15.8	7.9	1.1
청도	-1.1	0.0	4.4	10.0	16.0	20.0	23.7	25.0	21.0	16.0	8.6	1.6
무한	3.0	5.0	10.0	16.0	21.0	26.0	29.0	28.0	23.0	18.0	11.0	5.4
성도	5.5	7.5	12.0	18.0	21.0	24.0	26.0	25.0	21.0	17.0	12.0	7.3
곤명	8.0	10.0	13.0	16.5	19.0	19.5	20.0	19.0	18.0	15.0	11.0	8.0
라싸	-2.3	1.0	4.0	8.0	12.5	15.5	15.0	14.0	12.8	8.0	2.0	-2.0
계림	9.2	10.0	13.0	19.0	24.0	24.0	28.5	27.7	26.0	22.0	15.6	11.0
광주	13.0	14.4	18.0	22.0	25.6	27.0	28.4	28.0	27.0	23.7	19.0	15.0
서안	-1.0	2.0	8.0	14.0	19.0	25.0	27.0	26.0	19.0	13.7	6.6	0.7
우루무치	-15.4	-12.0	4.0	9.0	16.0	21.0	23.5	22.0	17.0	7.0	-4.2	-11.6
투루판	-9.5	2.0	9.6	19.0	26.0	31.0	33.0	31.0	24.0	12.0	1.5	-7.0

可乐多少钱一杯?
콜라는 한 잔에 얼마인가요?

학습 목표   물건의 가격을 묻고 답할 수 있다.

중심 표현과 단어

✔ 중심 표현   多少钱一○?   주요 단어   多少钱, 块钱

Daily Routin

✔ 老师   你们喜欢汉语吗?   学生   很喜欢。
  老师   汉语有意思吗?   学生   很有意思。

Review

1. 콜라, 사이다, 환타, 우유, 물 등을 미리 준비하여 교사가 칠판에 중국어로 알려준 후, 你想喝什么? 라고 묻고 칠판을 보고 대답하게 한다.

   비스켓, 식빵, 아이스크림, 초콜릿 등도 같은 방법으로 활용하도록 한다.

   [외우게 할 필요는 없다. 한국어 발음과 중국어 발음이 비슷하게 나는 것에 흥미를 느끼고, 말하는 데 재미를 느끼게 하는 것으로 충분하다. – 참고 단어는 4과 '쑥쑥 실력을 키워요'의 지도서 참고]

무슨 맛일까 (闻一闻)

–교사는 자유롭게 이야기할 수 있는 분위기를 조성하며 수업을 진행한다–

- 즐거운 중국어 시간이 또 돌아왔습니다.
- 闻一闻。今天要学什么内容? : 오늘은 무슨 내용을 배울 것 같지요?
- 看看图画。 : 그림을 보세요.
- 图画里有谁? : 그림에 누가 있나요?
- 他们在说什么? : 무슨 이야기를 나누고 있을까요?

–자연스럽게 학생들의 반응을 유도한다–

- 지난 시간에는 무엇을 먹고 싶은지, 마시고 싶은지 공부해 봤죠? 이번 시간에는 실제로 물건을 사러 가서 얼마인지 묻고 대답하는 표현을 배워 보겠습니다.

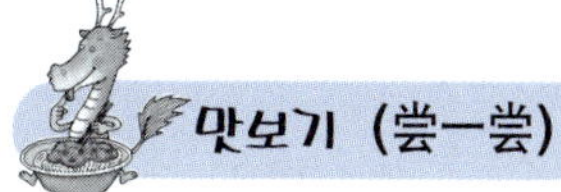

(1) 수업 진행

-교재의 그림을 보도록 한다-

▶ '书上有什么人?' 책에 누가 있나요?
: 东东,玲玲

▶ '他们做什么?' 그들은 무엇을 하고 있나요?
[학생들의 대답을 집중하여 듣는다.]

-플래시를 보도록 한다-

▶지난 시간 동동에게 물건 사는 법을 배운 링링이 실제로 물건을 사 왔나 봐요. 둘이 무슨 이야기를 하고 있는지 한번 들어 볼까요?

▶'你们听到什么内容? 说一说吧。' 어떤 내용을 들었나요? 얘기해 보세요.
: 冰淇淋, 可乐, 三, 杯 등 [학생들의 대답을 집중하여 듣는다.]

'很好。'참 잘했어요.

▶잘했어요. 들을 때 가장 중요한 것은 내용의 요점을 잡는 거겠죠? 물건 값을 묻는 내용이라는 느낌은 왔나요?

41

-한 문장씩 들어가며 전체적으로 설명한다-

▶동동의 대화를 먼저 볼까요? '冰淇淋多少钱一个?' '얼마입니까?'는 '多少钱?'이랍니다. '多少'는 '얼마, 몇'을 묻는 의문사입니다. '钱'은 '돈'이구요. '个'는 한 개, 두 개 할 때처럼 가장 많이 쓰이는 양사(물건 세는 단위)예요. '아이스크림 한 개에 얼마니?'라고 물었군요. '一个冰淇淋多少钱?'이라고 물어도 상관 없습니다.

▶링링의 대답을 볼까요? '三块钱一个。' 그럼 아이스크림은 얼마라고 했을까요? '三块钱。' '3원'이라는군요. 우리나라의 3원이라고 생각하면 안 되요. 중국 돈 1원(1块)은 우리나라 돈 124원 정도 해요.(2007년 10월 기준) 참, 상점에서 물건의 가격을 표시하는 가격표에는 '元'을 쓰지만, 말을 할 때는 '块'를 씁니다.

▶그랬더니 동동이 또 뭐라고 묻네요. '可乐多少钱一杯?' '可乐' '콜라'는, '多少钱' '얼마니, '一杯' '한 잔에'. '杯'는 지난 시간에도 했지만, '컵'을 세는 양사예요. 즉, '콜라 한 잔은 얼마니?'라고 물었군요. 그랬더니 링링이 이렇게 대답했어요. '也是三块钱。' '也'는 '…도, …역시'의 의미입니다. 맨 앞에 '可乐'가 생략되어 있구요. '역시 3원이야.'겠군요.
　　[학생에게 해석을 시켜봐도 좋다.]

(2) 연습

▶선생님을 따라 다시 한번 읽어 볼까요?
　　[교사를 따라 여러 번 읽어 귀와 입에 익숙해지도록 한다.]

-대화 내용을 따라 읽도록 한다-

▶뜻을 생각하면서 다시 한번 들어 볼까요?
　• 다시 한번 플래시를 들려주고, 해석만 보고 이야기하기, 화면만 보고 연극하기 등 충분히 연습한다.]
　• 수업 도입부분(Review)에서 연습했던, 콜라, 사이다, 환타, 비스켓, 빵 등도 가격을 정해 학생들과 연습하도록 한다.

▶참, 잘했습니다.

비비기 (拌一拌)

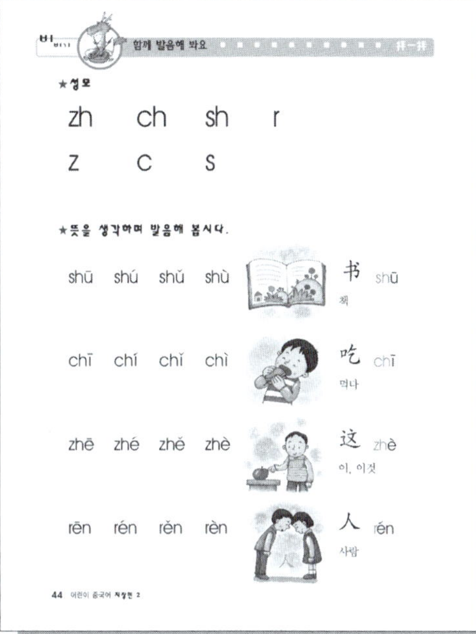

■발음 요령

zh 권설음, 무기음

혀끝을 곧추세우고, 혀끝을 윗니 뒷 잇몸에 가졌다 떼면서 나는 공간으로 마찰시켜 발음한다.

ch 권설음, 유기음

혀끝을 곧추세우고, 혀끝을 윗니 뒷 잇몸에 가졌다 떼면서 나는 공간으로 마찰시키며 공기를 강하게 내뱉으며 발음한다.

sh 권설음, 마찰음

혀끝을 곧추세우고, 혀끝을 윗니 뒷 잇몸에 대지 않고 숨을 마찰시켜 발음한다.

r 권설음, 마찰음

혀의 위치는 'sh'과 같게 하고, 숨을 내보내는 마찰음도 'sh'보다 크게 하여 성대를 진동하여 발음한다.

z 설치음, 무기음

혀끝을 평평하게 늘려 이 뒤벽에 대었다가 떼면서 생기는 공간에서 발음한다. 입은 양 옆으로 당기면서 발음하되, 성대 진동은 없다.

c 설치음, 유기음

혀끝을 평평하게 늘려 이 뒤벽에 대었다가 떼면서 생기는 공간에서 발음하는데, 이때 세게 파열하듯 내보내면서 입은 양 옆으로 당기면서 발음한다. 성대 진동은 없다.

s 설치음, 마찰음

혀끝을 이 뒤벽 가까이 두고 숨(공기)를 마찰시켜 발음한다. 입은 양 옆으로 당기면서 발음하되, 성대 진동은 없다.

■교사를 위한 발음지도 tip

- 먼저 1권 12과의 리듬젓가락으로 재미있게 연습한다.
- 권설음을 연습할 때는 '자 슬슬 나가볼까'의 '슬슬'을 활용하여 'zh, ch, sh, r'을 연습시키되 혀끝이 입천장에 닿지 않도록 한다. 이때 혀 끝은 'zh → ch → sh → r'의 순서로 안쪽으로 말려들어간다.

■ 참고 단어

Z	脏 zāng 더럽다	再 zài 또, 다시	C	菜 cài 요리	餐 cān 음식
S	送 sòng 보내다	酸 suān 시다			
zh	真 zhēn 진짜로	纸 zhǐ 종이	ch	长 cháng 길다	春 chūn 봄
sh	傻 shǎ 어리석다	蛇 shé 뱀	r	热 rè 덥다	肉 ròu 고기

곱빼기 (再来一点)

얼마인가요? / 多少钱?

1. 활동 목표

물건의 가격을 묻고 답할 수 있다.

2. 활동 방법

① 교재의 그림에서 물건과 가격 찾기
② 물건의 가격을 묻는 표현 확인하기
　: 多少钱?
③ 가격을 중국어로 말하기
④ 물건 값을 묻고 답하기

☆ 물건의 개수를 말할 때 쓰는 양사를 알려
준다. 本, 支, 个, 杯, 斤

■ 학습장

얼마일까요? / 多少钱?　　(학습장 20쪽 5번)

- 보기에 제시된 문장을 읽어 본다.
- 양사가 무엇인지 짚어 준다.
- 주어에 따라 어떤 양사가 쓰였는지 주지시킨다.
- 문제의 물건은 어떤 양사를 써야 하는지 생각해 보게 한다.
- 적절한 양사를 넣어 문장을 써 보도록 한다.
- 문장을 완성한 후 발표시켜 보고, 같이 정답을 확인한다.

리듬젓가락 (节奏筷子)

■리듬젓가락 내용 해석

아이스크림, 아이스크림,
한 개에 얼마인가요?
3원, 3원,
한 개에 3원이예요.

콜라, 콜라,
한 잔에 얼마인가요?
3원, 3원,
한 잔에 3원이예요.

■리듬젓가락 지도하기

① 먼저 음악을 들려준다.
② 알아들은 가사(말)를 말해 보도록 한다.
③ 한 소절씩 따라 불러 본다.
④ 질문과 대답으로 나누어 따라 불러 본다.
⑤ 다시 들어 본다.
⑥ 전체를 다 같이 불러 본다.

note

더 재미있게 만드는 나만의 수업 노하우

꺄악~ 맛있다

1. 재미있는 그림 단어

■물건사기 / 양사

- 买一本书 mǎi yì běn shū
  책 한 권을 사다
- 买一支铅笔 mǎi yì zhī qiānbǐ
  연필 1자루를 사다
- 买一斤草莓 mǎi yì jīn cǎoméi
  딸기 1근을 사다
- 买一斤苹果 mǎi yì jīn píngguǒ
  사과 1근을 사다

■패스트푸드점 이름

- 快餐 kuàicān 패스트푸드
- 麦当劳 Màidāngláo 맥도날드
- 肯德基 Kěndéjī KFC
- 必胜客 Bìshèngkè 피자헛
- 派派思 Pàipàisī 파파이스
- 乐天来 Lètiānlái 롯데리아

note

수업을 더 재미있게 만드는 나만의 노하우

디저트(甜点心)와 교사를 위한 문화 지식

디저트 / 중국의 화폐

여러분, 중국 여행을 가려면 중국 돈을 가지고 있어야 물건도 사고 구경도 할 수 있지요. 그러면 중국 돈은 어떻게 생겼는지 알아봅시다. 우선 중국 돈과 우리 돈의 가치가 다르기 때문에 환율이라는 것을 이해해야 하는데 중국 돈 1원은 우리 돈 약 124원 정도에 해당합니다. 쉽게 말해 우리나라의 경제가 좋아지면 중국 돈 가치는 떨어지고 우리 경제가 어려우면 중국 돈 가치는 올라갑니다. 그래서 외국 돈을 사고 파는 외환시장에서는 매일 환율이 달라집니다. 환율에 따라 돈을 바꾸는 것을 환전이라고 합니다.

중국의 화폐 속에는 공산주의의 대표적 인물이나 소수민족 그리고 식물 등의 그림이 그려져 있습니다. 다음의 화폐들을 살펴봅시다.

중국은 한족과 55개 소수민족이 어울려 살아가는 다민족국가입니다. 화폐에 소수민족이 그려져 있는 것으로 보아 중국 정부의 소수민족 융화정책을 화폐를 통해 볼 수 있습니다.

你能帮妈妈一下吗?

엄마를 좀 도와줄 수 있겠니?

학습 목표 도움을 요청하는 표현, 요청에 답하는 표현을 할 수 있다.

중심 표현과 단어

✔ 중심 표현 你能帮(+사람)一下吗?   주요 단어   能, 帮, 一下, 事, 洗, 杯子

Daily Routin

✔ 老师   你们喜欢汉语吗?
　 学生   很喜欢。
　 老师   汉语有意思吗?
　 学生   很有意思。

Review

5과의 곱빼기에 나왔던 단어들을 활용해 물건 값을 묻고 대답해 보도록 한다.
[一斤苹果 : 块, 一杯可乐 : 三块, 一本书 : 四块 등]

무슨 맛일까 (闻一闻)

-교사는 자유롭게 이야기할 수 있는 분위기를 조성하며 수업을 진행한다-

• 즐거운 중국어 시간이 또 돌아왔습니다.
• 闻一闻。 今天要学什么内容? : 오늘은 무슨 내용을 배울 것 같죠?
• 看看图画。   : 그림을 보세요.
• 图画里有谁? : 그림에 누가 있나요?
• 她做什么? : 그녀는 무엇을 하고 있나요?

-자연스럽게 학생들의 반응을 유도한다-

• 살다 보면 도움을 부탁할 때도 있고, 부탁받을 때도 있어요. 오늘은 그런 상황에서 일어날 수 있는 대화를 배워 보도록 하겠습니다.

(1) 수업 진행

-교재의 그림을 보도록 한다-

▶교재 그림을 볼까요?'书上有什么人?' 책에 누가 있나요?
   : 佳佳, 妈妈

▶'他们做什么?' 그들은 무엇을 하고 있나요? [학생들의 대답을 집중하여 듣는다.]
대화를 들어 볼까요?

– 플래시를 보도록 한다 –

▶'你们听到什么内容? 说一说吧。' 어떤 내용을 들었나요? 얘기해 보세요.
   : 你, 吗, 妈妈, 杯 등[학생들의 대답을 집중하여 듣는다.]

'很好。'참 잘했어요.

-한 문장씩 들어가며 전체적으로 설명한다-

▶잘 들었어요. 내용은 길지 않은 것 같은데 들리는 내용이 많지 않죠? 새로운 단어들이 많이
나왔기 때문이예요. 하지만 몇몇 포인트 단어들만 익히고 나면 쉬운 내용이니까 한 문장씩
들어가며 살펴볼까요?

▶'妈妈'가 '佳佳'에게 뭐라고 하시네요. 들어 보세요. '佳佳,你能帮妈妈一下吗？' '能'은 뒤에 동사와 같이 나와서 '…할 수 있다'라는 뜻으로 쓰이는 조동사예요.
참! 조동사란 말 그대로 동사를 도와 주는(助 도울 조)동사랍니다. 동사 앞에 쓰이죠.
　[다양한 동사로 연습해 본다. 能去, 能吃, 能喝 등]

'帮'은 '돕다'라는 뜻입니다. '一下'는 동사 뒤쪽에 쓰여 한번의 동작, 혹은 한번 해 보는 어감을 나타내 줍니다. 여기서는 '엄마 좀 도와 줄래?' 정도로 해석하면 되겠군요.

▶그랬더니, 쟈쟈가 뭐라고 했을까요? '好的,什么事？妈妈？', '好的。' '좋아요! 오케이'정도로 해석하면 되겠죠. '什么 무슨', '事 일'인데요. '妈妈 엄마'가 되겠군요. 엄마가 말씀하시네요. '帮妈妈洗一下杯子。' '帮 도와 주다', '洗 씻다', '杯子 컵', '엄마 컵 씻는 것 좀 도와주렴.'쟈쟈의 대답은 당연히 '好的。'겠군요.

▶오늘도 아주 실용적인 표현들이 많이 나왔어요. 특히 '一下'는 실생활에서 많이 쓰는 표현이니까 다시 한번 연습해 볼까요? 중국어로 '기다리다'는 '等'이예요. '좀 기다려 주세요.' 는 어떻게 말할까요? '等一下'겠죠?
　[마찬가지로 试, 看, 听 등을 활용해 연습해 본다.]

(2) 연습

▶선생님을 따라 다시 한번 읽어 볼까요?
　[교사를 따라 여러 번 읽어 귀와 입에 익숙해지도록 한다.]

–대화 내용을 따라 읽도록 한다–

▶뜻을 생각하면서 다시 한번 들어 볼까요?
　• 다시 한번 플래시를 들려주고, 해석만 보고 이야기하기, 화면만 보고 연극하기 등 충분히 연습한다.]

▶참, 잘했습니다.

note

더 재미있게 만드는 나만의 수업 노하우

비비기 (拌一拌)

■ 경성이란?

중국어에서 일부 음절은 성조에 관계없이 아주 가볍고 짧게 읽는데 이를 경성이라고 한다.

경성은 앞 음절의 성조에 영향을 받아 변한 것인데, 그림으로 나타내면 아래와 같다.

■ 교사를 위한 발음지도 tip

- 교재에 나와 있는 'māma, yéye, nǎinai, bàba'로 정확히 음 높이를 연습하고, 다른 단어를 예를 들어 기본 음에 맞추어 연습하도록 한다.
- 예를 들어, 'māma, māma, māma, tāmen / nǎinai, nǎinai, nǎinai, wǒmen' 이런 식으로 연습한다.

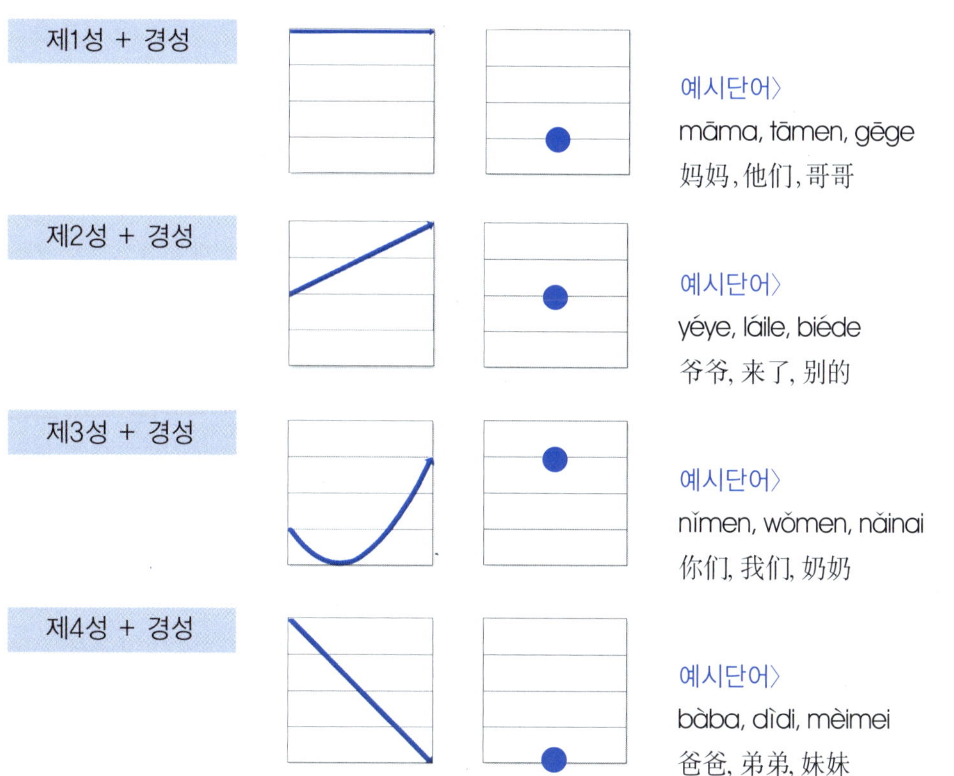

제1성 + 경성

예시단어〉
māma, tāmen, gēge
妈妈, 他们, 哥哥

제2성 + 경성

예시단어〉
yéye, láile, biéde
爷爷, 来了, 别的

제3성 + 경성

예시단어〉
nǐmen, wǒmen, nǎinai
你们, 我们, 奶奶

제4성 + 경성

예시단어〉
bàba, dìdi, mèimei
爸爸, 弟弟, 妹妹

곱빼기 (再来一点)

도와 주세요

1. 활동 목표

도와 달라는 요청과 그에 대한 대답을 중국어로 할 수 있다.

2. 표현 익히기

- 나를 도와 줄 수 있어요?　你能帮我吗?
- 좋아요　　　　　　　　好、好的
- 죄송해요　　　　　　　对不起

3. 활동 방법

(1) 게임 설명하기

의자를 인원 수보다 하나 모자라게 준비한다. 둥글게 앉아서 술래가 한 사람에게 "도와주세요" 하고 부탁한다.

도와 주겠다고 대답하면, 모두가 일어섰다 자리에 앉는다. 이때 자리에 앉지 못한 사람은 술래가 된다.

도와 주지 못한다고 대답하면 가위,바위,보를 한다. 이기는 사람은 자리에 앉고 지는 사람은 술래가 되어 다른 사람을 찾아가 도움을 요청한다.

(2) 게임하기

의자를 인원 수보다 하나 모자라게 준비한다. 다같이 표현을 다시 한 번 점검한다. 게임을 시작한다. (처음 술래는 교사가 하거나, 제비뽑기를 할 수 있다)

■ 학습장

바르게 말하기　　　　　　(학습장 24쪽 5번)

- 동동의 엄마가 동동에게 도움을 청하시려고 하네요. 그런데 말이 제대로 안 나와서 동동이 무슨 말씀을 하시려는지 알아듣지를 못하네요. 여러분이 바른 문장을 써 주면 엄마가 동동에게 도움을 청하실 수 있어요.

■ 지도 방법

- 문장을 써 보게 한다.

- 발표를 시켜 본다.

- 정확하고 바른 문장을 다같이 맞춰 본다.

- 같이 큰 소리로 읽는다. 한 명씩 돌아가면서 큰 소리로 말해 보도록 한다.

- 이 때 순서를 정한 후, 돌아가면서 묻고 답하기를 하도록 하여도 좋다. 한 사람이 다음 사람에게 질문을 하면 다음 사람은 대답을 한 후 자기의 다음 사람에게 질문을 한다.

리듬젓가락 (节奏筷子)

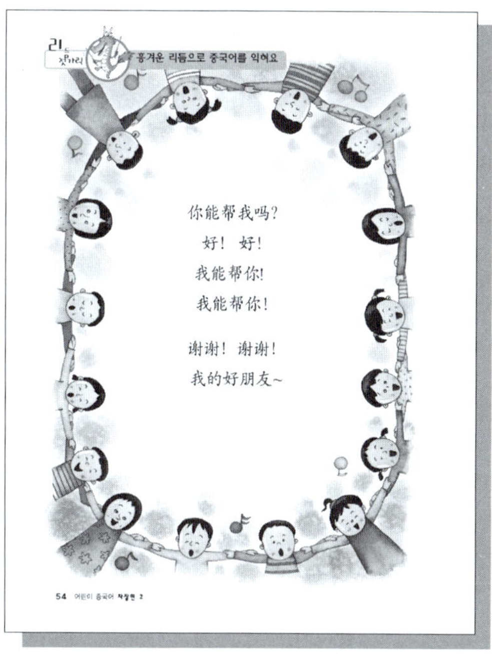

■ 리듬젓가락 내용 해석

너 나를 도와 줄 수 있어?
좋아! 좋아!
나는 너를 도와 줄 수 있어!
나는 너를 도와 줄 수 있어!

고마워! 고마워!
나의 좋은 친구~

■ 리듬젓가락 지도하기

① 함께 처음부터 끝까지 들어 본다.

② 알아들은 단어나 문장을 말해 보도록 한다.

③ 듣고 한 소절씩 따라 불러 본다.

④ 처음부터 끝까지 같이 불러 본다.

⑤ 두 사람이 짝을 지어 노래를 불러 본다.

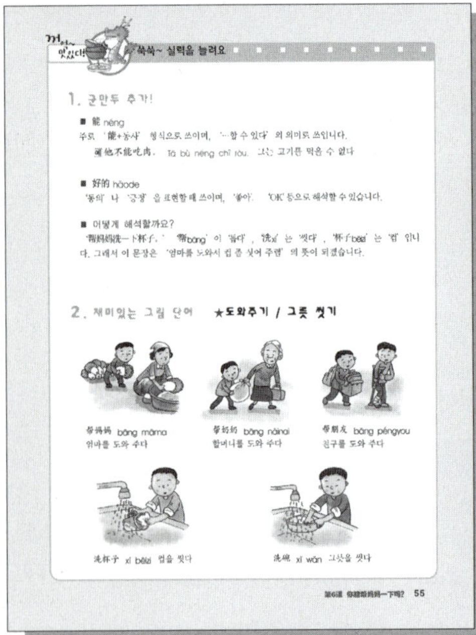

2. 재미있는 그림 단어

■도와주기 / 그릇 씻기

- 帮妈妈 bāng māma 엄마를 도와 주다
- 帮奶奶 bāng nǎinai 할머니를 도와 주다
- 帮朋友 bāng péngyou 친구를 도와 주다
- 洗杯子 xǐ bēizi 컵을 씻다
- 洗碗 xǐ wǎn 그릇을 씻다

■ 집안 일

- 家务 jiāwù 집안 일
- 打扫 dǎsǎo 청소하다
- 洗衣服 xǐ yīfu 빨래하다(옷을 빨다)
- 做饭 zuòfàn 밥을 하다
- 做菜 zuòcài 요리를 만들다

디저트(甜点心)와 교사를 위한 문화 지식

■ 디저트 / 요리하는 중국의 아빠들

　　여러분 소림사의 주방장은 남자일까요 여자일까요? 일반적으로 중국에서는 남자가 요리를 많이 합니다. 마오 쩌뚱(毛泽东)이 "여성이 하늘의 절반을 떠받치고 있다(半边天)"고 말한 이후로 여성은 중국사회 전 지역에서 중요한 노동 인력으로 존중되고 있습니다.

　　중국에서는 여성이 사회 활동을 하는 것이 보편화되어 있습니다. 이렇다 보니 각 가정에서의 남편과 아내가 일을 나누어서 하는 것도 자연스러운 일입니다. 여성의 발목에 쇠고리를 채워 발을 작게 만드는 전족(纏足)이라는 풍습은 수천 년 동안 중국을 지배해 왔던 남성 중심 사회의 상징이었는데 1949년 중화인민공화국이 세워진 이후 중국 정부는 "사회주의 건설에는 남녀의 구분이 없다"라는 구호 아래 법으로 전족을 금지하였으며 남녀평등을 실현하려고 노력하였습니다.

　　이후 중국의 여성들은 남성과 같이 공장에서 기계를 수리하거나 트랙터나 트럭을 모는 등 남녀 구분 없이 일을 하였습니다. 여성은 사회적 활동을 통해서 경제적, 정신적인 독립을 얻게 되었고, 남자를 중시하던 전통적인 생각은 점차 사라지게 되었습니다.

　　가정에서의 집안 일도 남녀의 역할 구분이 없어진 지 오래되었습니다. 베이징에 가면 버스를 운전하는 여자 운전자와 남자 보조원을 흔히 볼 수 있습니다. 퇴근 후에는 남편이 먼저 집에 와서 시장을 보고 부엌에서 큰 프라이팬을 들고 요리를 하는 것은 이젠 더 이상 낯선 풍경이 아닙니다.

문화지식 / 중국여성의 사회적 지위

　　마오 쩌뚱(毛泽东)이 "여성이 하늘의 절반을 떠받치고 있다. (半边天)"고 말한 이후로 여성은 중국사회 전 지역에서 중요한 노동인력으로 존중되고 있다. 여성은 현재 중국 노동인력의 40%를 차지하고 있다. 중국 사회는 이미 기본적으로 남녀평등을 이루었으며, 다른 아시아 국가들에 비해 여성들은 사회 참여도가 높고 사회 여러 영역에서 높은 지위를 가지고 영향력을 행사하고 있다. 가정에서의 남편과 아내가 일을 분담하는 것은 이미 자연스러운 일이며, 여성의 사회활동 또한 보편화되어 있다. 수천 년 동안 중국을 지배해 왔던 남성 중심의 사회가 이렇게까지 변화할 수 있었던 것은 중화인민공화국 정부의 적극적인 역할 때문이라고 볼 수 있다.

　　중국은 1949년 중화인민공화국이 세워진 이후 "사회주의 건설에는 남녀의 구분이 없다."라는 구호를 내걸고 그동안 내려오던 전족(纏足) 풍습을 법으로 금지하고, 여성들의 권익을 위한 각종 행정법을 만들어 남녀평등을 실현하려고 노력하였다. 여성은 남성과 같은 조건의 작업환경 아래 공장에서 기계를 수리하고, 직접 트랙터나 트럭을 모는 등 직종의 구분 없이 일을 하였다. 이후 여성은 사회적 활동을 통해서 경제적, 정신적인 독립을 얻게 되었고, 여성이 남자의 종속물처럼 취급되던 전통적인 생각은 점차 사라지게 되었다. 가정에서의 집안 일도 남녀의 역할 구분이 없어진 지 오래되었고 오히려 남편이 더 많은 집안 일을 하는 경우도 많다. 남편들이 귀가 후 부엌에서 큰 프라이팬을 들고 요리를 하는 것은 이젠 더 이상 낯선 풍경이 아니다.

　　중국 남성들 스스로도 치관옌(妻管严)이라는 병이 있다고 말한다. 치관옌은 원래 기관지염(气管炎)을 뜻하지만 여기서는 아내의 간섭을 엄격하게 받는 공처가를 의미한다.

我的帽子在哪儿?

내 모자는 어디 있지요?

학습 목표 물건이 어디에 있는지 묻고 답할 수 있다.

✔ 통님 표현과 단어

중심 표현   ○○在哪儿?   ○○在○○上。
주요 단어   帽子, 知道, 沙发

✔ Daily Routin

老师	你们好!
学生	您好!
老师	周末过得怎么样?
学生	很好。 过得很愉快。

Review

'你能帮○○一下吗?'의 문장을 이용하여 다양한 사람으로 교체연습을 해 본다.

무는 맛일까 (闻一闻)

-교사는 자유롭게 이야기할 수 있는 분위기를 조성하며 수업을 진행한다-

• 즐거운 중국어 시간이 또 돌아왔습니다.
• 闻一闻。 今天要学什么内容? : 오늘은 무슨 내용을 배울 것 같죠?
• 看看图画。 : 그림을 보세요.
• 图画里有谁? : 그림에 누가 있나요?
• 她做什么? : 그녀는 무엇을 하고 있나요?

-자연스럽게 학생들의 반응을 유도한다-

• 물건을 제자리에 두지 않으면 자꾸 찾게 되죠. '오늘은 ○○어디있어요?'라는 표현을 중심으로 배워 보기로 하겠습니다.

(1) 수업 진행

▶ '爸爸'가 무엇일까요? / 아빠요~.

그럼 '妈妈'는 무엇일까요? / 엄마요~!

맞아요. 배우지 않았는데도, 엄마와 아빠의 발음은 왠지 익숙하죠? 전 세계가 다 발음이 비슷한 걸 보면 참 신기해요. 그렇지요?

-교재의 그림을 보도록 한다-

▶ '书上有什么人?' 책에 누가 있나요?

 : 东东, 小龙, 妈妈

▶ '他们做什么?' 그들은 무엇을 하고 있나요? [학생들의 대답을 집중하여 듣는다.]
대화를 들어 볼까요?

-플래시를 보도록 한다-

▶ '你们听到什么内容? 说一说吧.' 어떤 내용을 들었나요? 얘기해 보세요.

 : 哪儿, 不知道, 的 등[학생들의 대답을 집중하여 듣는다.]

'很好.'참 잘했어요.

57

▶잘했어요. 모르는 단어 몇 개 때문에 어려움이 있긴 해도, 문장구조 자체는 아주 간단한 본문이예요.

▶그럼 먼저 포인트 단어를 살펴볼까요? '모자'는 '帽子'랍니다. 따라해 볼까요? 그럼 나의 모자는 무엇일까요? 그렇죠! '…의'라는 뜻을 가진 '的'를 넣어서 '我的帽子'라고 하면 되겠네요.

▶오늘의 가장 중요한 단어 '在'를 살펴볼까요? '在' 뒤에 장소가 나와서 '…에 있다'라는 의미가 된답니다. 그럼 '내 모자 어디 있어?'는 어떻게 할까요? 그렇죠! '我的帽子在哪儿?'이 될 거예요. 그럼 '샤오롱 어딨니?'는 어떻게 얘기할까요?
　[마찬가지로 동동, 쟈쟈, 엄마, 도서관, 공원 등으로 바꾸어 연습해 본다.]

잘했어요.

▶여러분, '알다'가 뭐였는지 기억나세요? 그렇죠. '知道'였죠? 그럼 '모른다'는 뭘까요? 그래요. '不知道'랍니다. 참! 중국어는 외래어를 자기 나름의 한자로 만들어서 쓰는 경우가 많아요. 그래서 발음만 들어서 대강 뜻을 짐작할 수 있는 단어들이 많답니다. 예전에 배운 '可乐콜라'도 그랬구요. 이건 뭘까요? '咖啡 kāfēi'마시는 거예요. [다양한 대답 유도]

맞아요. 커피랍니다. 그럼 '沙发 shāfā'이건 뭘까요? 가구의 한 종류거든요. 맞았어요. 소파랍니다. 재미있죠?

▶그럼 '나의 모자는 소파 위에 있어요.'는 어떻게 얘기하면 될까요? '你的帽子在沙发。'라구요? 잘했어요. 하지만, 모자는 소파 위에 있잖아요. 그래서 '위'라는 뜻의 '上'을 덧붙여 준답니다. 이렇게요. '你的帽子在沙发上。' 알고 보니 참 쉬운 내용이죠?

(2) 연습

▶그러면 한 문장씩 다시 한번 들어 볼까요? 뜻을 생각하면서 전체적으로 다시 한번 들어 보세요.
　[교사를 따라 여러 번 읽어 귀와 입에 익숙해지도록 한다.]

▶뜻을 생각하면서 다시 한번 들어 볼까요?
　• 다시 한번 플래시를 들려주고, 해석만 보고 이야기하기, 화면만 보고 연극하기 등 충분히 연습한다.]

▶참, 잘했습니다.

비비기 (拌一拌)

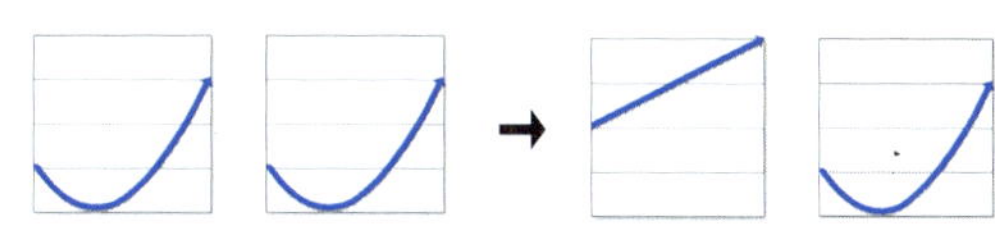

■제3성의 성조 변화1

제3성과 제3성을 연이어서 발음할 때 첫 번째
제3성의 성조는 제2성으로 발음한다.

■예시단어

- 你好 nǐ hǎo 안녕
- 很好 hěn hǎo 매우 좋다
- 小马 xiǎo mǎ 작은 말(망아지)
- 几点 jǐ diǎn 몇 시

■교사를 위한 발음지도 tip

- 한 문장 '你好 nǐ hǎo'로 정확한 음 높이를 연습시킨 후, 정확히 음 높이를 잡았다는 생각이
  들면, 다른 예들을 이 높이에 적용시키도록 한다.
- 예를 들어, nǐ hǎo, nǐ hǎo, nǐ hǎo, hěn hǎo / nǐ hǎo, nǐ hǎo, nǐ hǎo, xiǎo mǎ / nǐ hǎo,
  nǐ hǎo, nǐ hǎo, jǐ diǎn 이런 식으로 연습한다.

■참고 단어

也好 yě hǎo …역시 좋다

九点 jiǔ diǎn 9시

很软 hěn ruǎn 매우 부드럽다

好久 hǎojiǔ 오랫동안

곱빼기 (再来一点)

1. 활동목표

물건이 어디에 있는지를 중국어로 묻고 대답할 수 있다.

2. 준비물

교재의 그림, 동동이의 방 모습을 보고 곳곳에 숨어 있는 샤오롱을 찾고, 어디에 있는지 중국어로 말해 본다.

3. 활동 방법

(1) 샤오롱 찾기 : 교재의 '동동의 방' 그림에서 샤오롱이 어디에 있는지 찾아본다.

(2) 교사가 질문하기 : 小龙在哪儿?

(3) 한국어로 대답하기 : 적절한 중국어 표현 익히기

(4) 릴레이 질문하고 답하기 :

교사가 한 학생에게 '小龙在哪儿?'하고 물으면 그 학생은 중국어로 적절한 대답을 하고, 그 후 다른 친구에게 질문을 한다. 다음 학생은 앞에 한 친구가 한 대답을 할 수 없다.

■예시 답안

小龙在桌子上。　　　小龙在桌子里。　　小龙在桌子下。　　小龙在椅子上。　　小龙在椅子下。
小龙在书包里。　　小龙在衣柜里。

■학습장

샤오롱은 어디 있나요? 小龙在哪儿?　　　　(학습장 27쪽 4번)

• 왼쪽에 있는 그림을 보고 소룡이 있는 곳이 어디인지 위치를 알도록 한다.
• 괄호 안에 들어갈 알맞은 말은 무엇인지 말해 보도록 한다. 중국어로 어떻게 말해야 하는지 말해 보고 그 글자를 써 보도록 한다.

• 함께 답을 맞추고, 큰 소리로 문장을 읽는다.

할 수 있어요 / 만화 읽기(학습장 29쪽)

• 무슨 내용인지 그림을 보고 말해 보도록 한다.
• 혼자 만화를 읽어보게 한 후 발표한다.
• 같이 읽어 본다.
• 역할을 나누어 읽어 보도록 한다.

리듬젓가락 (节奏筷子)

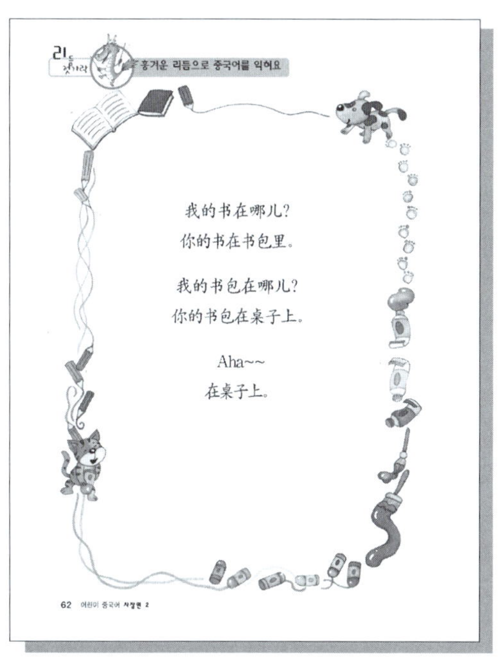

■ 리듬젓가락 내용 해석

내 책은 어디 있지요?
너의 책은 책가방 안에 있지.

나의 책가방은 어디 있지요?
너의 책가방은 책상 위에 있지.

아하~
(내 책가방은) 책상 위에 있네.

■ 리듬젓가락 지도하기

① '在'만 따라 부르기, '在哪儿?' 따라 부르기
② 질문만 따라 부르기, 대답만 따라 부르기
③ 질문과 대답으로 나누어 따라 부르기
④ 다같이 불러 본다.

꺼억~ 맛있다

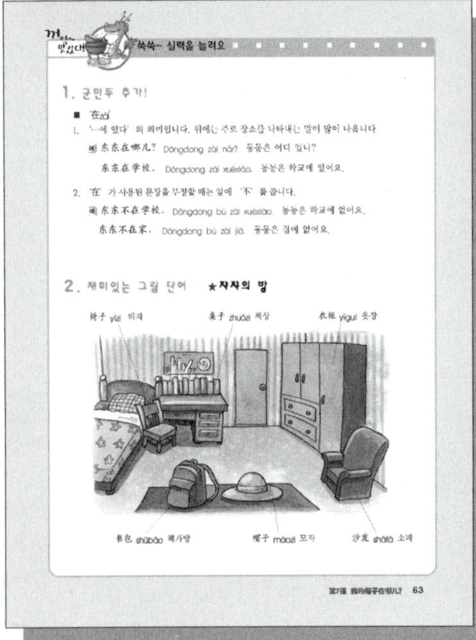

1. 재미있는 그림 단어

■쟈쟈의 방

- 椅子 yǐzi 의자
- 桌子 zhuōzi 책상
- 衣柜 yīguì 옷장
- 沙发 shāfā 소파
- 帽子 màozi 모자
- 书包 shūbāo 책가방

■보충 단어 / 가구와 소품

- 手套 shǒutào 장갑
- 袜子 wàzi 양말
- 床 chuáng 침대
- 门 mén 문
- 抽屉 chōuti 서랍

디저트(甜点心)와 교사를 위한 문화 지식

디저트 / 베이징 카오야를 아시나요?

베이징 덕(Beijing Duck)을 중국어로는 '베이징 카오야(北京烤鸭)'라고 합니다. 이는 우리말로는 '북경 오리구이'정도로 옮길 수 있겠습니다. 베이징 덕은 한약제를 배합한 특수사료를 먹여 키운 오리를 대추나무 등 과일나무를 사용하여 구워낸 특별한 요리입니다.

특이한 것은 부화한 후 50일 정도 된 오리를 좁고 어두운 곳에 집어넣어 강제로 먹이만을 먹이는 것입니다. 보름 정도 운동도 못하게 하고 계속 먹이기만 하면 오리는 영양과잉과 운동부족으로 몸 전체에 지방이 오르게 되어 처음보다 2배 정도로 살이 오릅니다. 오리를 잡을 때는 깃털과 물갈퀴를 떼어내고 내장을 꺼내어 껍질과 살 사이에 공기를 넣어 부풀어 오르게 한 다음 몸 표면에 엿을 발라서 햇볕에 쪼인 뒤 특별히 만들어진 아궁이에서 껍질이 다갈색이 될 때까지 잘 굽습니다.

베이징 덕은 일반적으로 화덕에서 꺼내자마자 뜨거울 때 얇게 썰어서 먹습니다. 바삭바삭해진 껍질이 가장 맛있는 부분인데 먹을 때는 얇은 전병에 중국의 검은 양념장을 바르고 파와 함께 싸서 먹습니다. 오리를 썰 때는 썬 고기들의 크기가 일정하고 각각의 고기들이 고기와 파삭파삭한 껍데기가 약간씩 모두 들어가야 하는 것이 필수적입니다. 구운 오리는 껍질과 살을 썰어 먹는 것 외에도 살이 남아 있는 뼈를 야채와 함께 볶아서 먹고 그리고 남은 뼈로는 국을 끓여서 먹습니다.

문화지식 / 중국의 자장면과 우리의 자장면

'자장면(炸酱面)'의 '炸酱'은 '장을 볶는다'는 뜻이다. 중국의 자장면은 중국식 된장을 볶아 국수에 얹어서 먹는데 기름기도 많고 향신료를 넣어 우리 입맛에는 잘 맞지 않는다. 우리나라에서 자장면을 먹기 시작한 것은 19세기 말부터라고 한다. 1883년 인천항이 개항되면서 산동(山东)반도 지방의 노동자들이 우리나라에 많이 들어왔는데 이들 노동자들이 야식으로 볶은 춘장에 국수를 비벼 먹은 데에서 한국 자장면의 역사가 시작되었다.

인천에 차이나타운이 조성되면서 한국에 정착한 화교들은 이 음식에 야채와 고기를 넣어 한국인의 입맛에 맞는 자장면을 만들어 내었고 중국 음식과는 다른 한국식 자장면이 널리 퍼지게 되었다.

你能陪我玩儿吗?

나와 놀아줄 수 있어요?

학습 목표 요청하는 표현을 할 수 있다.

✔ 통심 표현과 단어

중심 표현 你做什么呢? 你能陪我玩儿吗? 等我○分钟。
주요 단어 作业, 陪, 等

✔ Daily Routin

老师	你们好!
学生	老师好!
老师	周末过得怎么样?
学生	很好。 过得很愉快。

Review

1. 칠판에 둥둥의 방 안을 그려 본다. [어설프게 그릴수록 학생들은 오히려 좋아할 수 있다.]
2. 방 안에 책상, 의자, 소파등을 그려 넣고, 모자, 책, 노트 등이 그 위에 놓여 있는 모습을 그린다. 학생들에게 물건들이 어디에 있는지 묻는다.

무슨 맛일까 (闻一闻)

–교사는 자유롭게 이야기할 수 있는 분위기를 조성하며 수업을 진행한다–

• 즐거운 중국어 시간이 또 돌아왔습니다.
• 闻一闻。 今天要学什么内容? : 오늘은 무슨 내용을 배울 것 같죠?
• 看看图画。 : 그림을 보세요.
• 图画里有谁? : 그림에 누가 있나요?
• 他们在说什么? : 무슨 이야기를 나누고 있을까요?

–자연스럽게 학생들의 반응을 유도한다–

• 오늘은 요청하는 표현을 배워 보도록 하겠습니다.

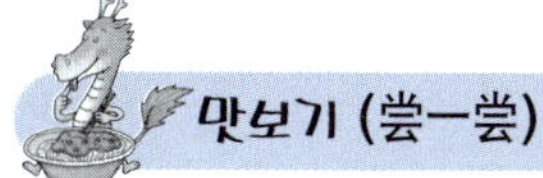

맛보기 (尝一尝)

(1) 수업 진행

-교재의 그림을 보도록 한다-

▶ '书上有什么人？' 책에 누가 있나요?
  : 东东, 玲玲

▶ '他们做什么?' 그들은 무엇을 하고 있나요? [학생들의 대답을 집중하여 듣는다.]
  대화를 들어 볼까요?

-플래시를 보도록 한다-

▶ '你们听到什么内容? 说一说吧。' 어떤 내용을 들었나요? 얘기해 보세요.
  : 能, 玩儿, 做, 哥哥, 好的 등[학생들의 대답을 집중하여 듣는다.]
  '很好。' 참 잘했어요.

– 한 문장씩 들어가며 전체적으로 설명한다 –

▶잘했어요. 오늘도 모르는 것 빼고는 다 알아들었네요. 한 문장씩 들어가며 전체적인 맥락에
 서 문장을 파악해 보도록 할게요. 오늘의 등장인물은 누구였죠? 동동과 링링이었잖아요. 그

럼 아마도 링링이 동동에게 뭔가를 해 달라고 할 가능성이 많겠군요.

▶자~, 그럼 링링의 첫 번째 대사를 들어 볼까요? [플래시로 링링의 대화만 듣는다.]

'哥哥,你做什么呢? ' '哥哥 오빠!', '做 하다', '什么 무엇', '呢', '呢'는 여기에서는 진행의 의미예요. '오빠, 뭐하고 있어?'가 되겠군요. 이런! 보면 모르나? 공부하고 있는데.

▶어쨌든 동동의 대답을 들어 볼게요. '做作业。' '作业'는 '숙제'예요. '숙제하고 있어.'가 되겠군요.

▶그랬더니, 링링이 역시 이렇게 얘기하는군요. '你能陪我玩儿吗? ' '能 할수 있어?', '陪… 와 더불어', '玩儿 놀다' 즉, '나랑 놀아줄 수 있어?'가 되겠군요. 착한 오빠 동동 또 고민하겠군요.

▶대답을 들어 보죠. '好的,等我5分钟。' '好的 좋아', '我 나', '等 기다리다', '5分钟 5분'. '좋아, 5분만 기다려 줘.'가 되겠네요.

(2) 연습

▶오늘도 알고 보니 참 쉬운 내용이죠? 그럼 한 문장씩 다시 한번 들어 볼까요? 가능한 친구들은 따라해도 좋아요.
[교사를 따라 여러 번 읽어 귀와 입에 익숙해지도록 한다.]

–대화 내용을 따라 읽도록 한다–

▶뜻을 생각하면서 연습해 볼까요? 한번 더 뜻을 생각하면서 전체적으로 들어 보고 따라 읽어봐요.
• 다시 한번 플래시를 들려주고, 해석만 보고 이야기하기, 화면만 보고 연극하기 등 충분히 연습한다.]

▶참, 잘했습니다.

note

수업을 더 재미있게 만드는 나만의 노하우

비비기 (拌一拌)

■ **제3성의 성조 변화2**

제3성인 음절 뒤에 제1성, 제2성, 제4성 혹은 경성 음절이 어어지면, 제3성은 반3성으로 발음한다

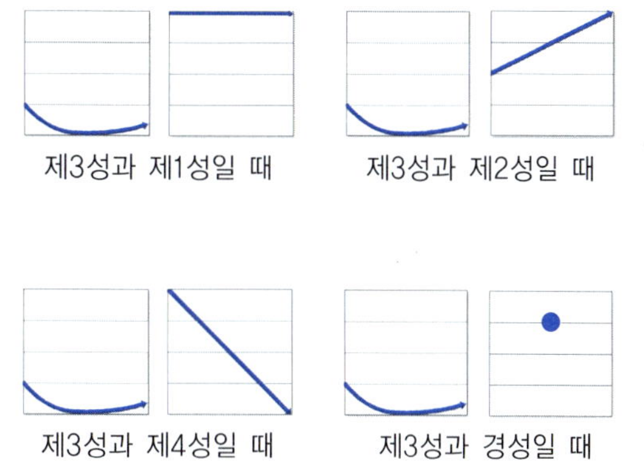

■ **예시단어**

- 很高 hěn gāo 매우 높다
- 很累 hěn lèi 매우 피곤하다
- 很忙 hěn máng 매우 바쁘다
- 奶奶 nǎinai 할머니

■ **교사를 위한 발음지도 tip**

- 각 상황별로 한 단어의 높낮이를 정확히 익히게 한 후 다른 예들에 그 높이를 적용하도록 한다.
- 예를 들어, hěn gāo, hěn gāo, hěn gāo, lǎoshī / hěn máng, hěn máng, hěn máng, wǒ péngyou / nǎinai, nǎinai, nǎinai, nǐmen 의 형식으로 연습한다.

■ **참고 단어**

제3성 + 제1성	老师 lǎoshī 선생님	我妈妈 wǒ māma 나의 엄마
	我哥哥 wǒ gēge 나의 형	
제3성 + 제2성	我朋友 wǒ péngyǒu 나의 친구	我爷爷 wǒ yéye 나의 할아버지
제3성 + 제4성	我爸爸 wǒ bàba 나의 아빠	我弟弟 wǒ dìdi 나의 남동생
	我妹妹 wǒ mèimei 나의 여동생	
제3성 + 경성	你们 nǐmen 너희(들)	我们 wǒmen 우리(들)

곱빼기 (再来一点)

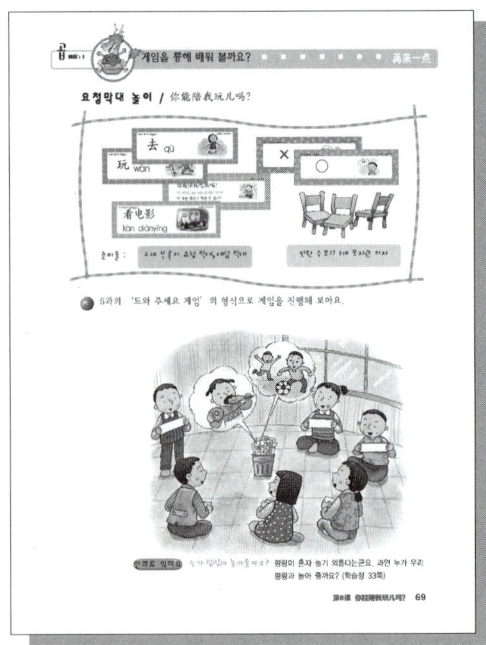

요청막대 놀이

1. 활동 목표
요청하는 말과 요청에 대해 대답하는 말을 중국어로 할 수 있다.

2. 준비물
① 요청 막대 : 긴 막대 모양의 카드에 영화 보는 그림, 노는 그림, 어딘가 가는 그림, 먹는 그림이 있고 뒷면에는 각각의 그림에 해당하는 글자(看电影, 玩, 去, 吃饭)가 쓰여 있다.
② 대답 막대 : '好'와 '对不起'가 쓰여 있는 종이 카드 (교재의 부록 활용)
③ 인원 수보다 하나 적게 의자를 준비한다.

3. 활동 방법

① 그림과 단어 익히기 : 카드의 그림과 한자를 보고 해당 카드의 의미가 무엇인지, 어떤 말로 요청해야 할지를 숙지한다.
② 술래를 정한다. [처음 시작은 게임 방법을 가장 잘 이해한 학생이나 교사가 하는 것이 좋다.]
③ 술래는 대답 막대를 들고 한 학생에게 다가가 그 학생이 들고 있는 요청막대를 뽑고, 뽑은 요청 막대의 내용대로 요청을 한다.
- 만약 술래가 요청 막대를 뽑았으나 요청을 못할 경우엔 교사가 큰 소리로 한 단어, 예를 들어 '玩'이라고 외쳐 주면, 다같이 큰 소리로 세 번 '你能陪我玩儿吗? '하고 외친다.
- 그런 후 술래가 다시 요청한다.

④ 술래가 요청을 하면, 요청을 받은 학생은 술래가 들고 있는 대답 막대 하나 뽑고, 뽑은 내용대로 대답을 한다.
⑤ '好'라고 하면 전체 학생들이 일어나 자리를 바꾼다. 이때 자리를 맡지 못한 사람이 술래가 되어 게임을 계속 진행한다.
⑥ '对不起'라고 하면 술래와 그 학생이 '가위바위보'를 한다. 진 사람은 자리에 앉고, 이긴 사람은 술래가 되어 다른 학생을 찾아간다.

■학습장

할 수 있어요 / 만화 읽기　　　(학습장 33쪽)

- 무슨 내용인지 그림을 보고 말해 보도록 한다.
- 혼자 만화를 읽어 보게 한 후 발표한다.
- 같이 읽어 본다.
- 역할을 나누어 읽어 보도록 한다.

리듬젓가락 (节奏筷子)

■리듬젓가락 내용 해석

너 나와 놀아줄 수 있어?
기다려! 기다려!
나를 5분만 기다려!

너 나와 놀아줄 수 있어?
미안해! 미안해!
나는 지금 매우 바빠!

■리듬젓가락 지도하기

① 노래를 들어 본다.
② 알아들은 단어를 말해 본다.
③ 한 소절씩 따라 불러 본다.
④ 질문만 따라 불러 본다.
⑤ 조를 나누어 질문과 대답으로 나누어 불러 본다.
⑥ 다 같이 불러 본다.

꺼억~ 맛있다

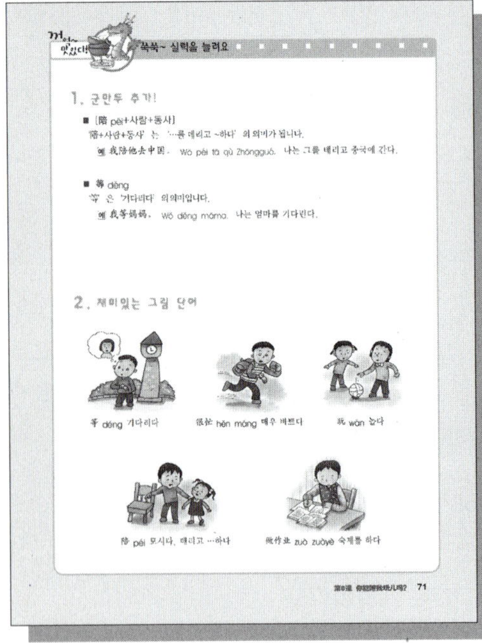

2. 재미있는 그림 단어

■ 여러 가지 표현

- 做作业 zuò zuòyè 숙제를 하다
- 等 děng 기다리다
- 很忙 hěn máng 매우 바쁘다
- 玩儿 wánr 놀다
- 陪 péi 모시다, 데리고 …하다

■ 보충 단어

- 很累 hěn lèi 매우 피곤하다
- 很困 kěn kùn 매우 졸립다
- 很疼 hěn téng 매우 아프다
- 很舒服 hěn shūfu 매우 편안하다

디저트(甜点心)와 교사를 위한 문화 지식

디저트 / 중국의 소림사(少林寺)

어린 동자승이 무술을 연마하고 무림의 고수가 되어 악당들을 물리치는 모습은 중국 영화에서 자주 등장하는 모습입니다.

소림사는 중국 하남성(河南省) 등봉시(登封市)의 북쪽에 위치한 숭산(嵩山)에 자리한 사찰로 숭산 국립공원에 인접해 있습니다. 소림사의 권법은 중국에서 가장 오래된 무술 중의 하나인데 어디서부터 시작되었는지에 대해서는 두 가지 이야기가 있습니다. 하나는 소림사의 시조(始祖)인 발다(跋陀)라는 사람으로부터 시작되었다는 설도 있고 유명한 달마대사에 의해 생겨났다는 말도 있습니다.

전하는 바에 의하면 인도 사람인 달마대사는 소림사에 온 후 오유봉(五乳峯)이라는 산봉우리 위에 있는 동굴 속에서 9년 동안 벽을 마주하고 수양을 하였다고 합니다. 달마대사는 오랜 세월 동안 앉아서 수행하면서 굳은 몸을 풀거나 독사나 맹수 등의 위협을 이겨내야 했습니다. 그래서 몸을 단련시키고 방어하는 체조 형식의 자세들을 만들어 냈고 훗날 이 자세들이 발전하여 무술 '소림권법'이 되었다는 것입니다.

소림권법 중 가장 뛰어난 것으로는 '나한18수(羅漢十八手)', '심의권(心意拳)' 등이 있다고 합니다. 이 밖에도 소림 5권이 전해지는데 달마대사가 용, 호랑이, 표범, 뱀, 학의 다섯 가지 동물의 동작을 본떠서 만들었다고 합니다.

현재 소림사는 해외의 50여 개 도시에 소림사 분원을 갖고 있으며 지금까지 수만 명의 수련생을 배출하고 있습니다.

문화지식 / 태극권(太极拳 tàijíquán)으로 아침을 여는 중국인들

중국의 대도시 공원에는 아침 운동을 하는 중국인들로 북적인다. 이들 중국인들은 자신의 건강을 위해 다양한 운동을 하는데 중국의 전통무술을 하는 사람, 농구, 달리기, 탁구, 배구를 하는 사람도 있고 뒤로 걷기를 하는 사람도 있다. 특히 중국의 전통무술을 하는 사람 중에는 검술, 창술, 부채를 활용한 무술, 태극권을 하는 사람 등 다양한데 단연 태극권을 하는 사람들이 눈길을 끈다.

태극권의 기원에는 여러 가지 설이 있으나, 중국 송나라 말 장삼봉(张三丰)이 역경(易经)의 태극오행설(太极五行说)과 동양 의학, 노자(老子)의 철학사상 등에 기공(气功) 및 호신술을 절묘하게 조화해 집대성한 것이라는 설이 유력하다.

인간의 내면적인 수련을 중시하고, 의식·동작의 협조를 추구하며 노자의 전기치유(专气致柔 : 기에 전념해 부드러움에 이름), 이유극강(以柔克刚 : 부드러움으로 굳센 것을 이김), 그리고 고요함으로 움직임을 제압한다는 이론을 바탕으로 한다.

태극권 창안의 근본 목적은 병을 치료하고, 건강 장수 하는 것에 있으며 유연하고 완만한 동작 속에 기(气)를 단전에 모아 온몸에 원활하게 유통시키고 오장육부를 강화하는 것이 두드러진 특징이다. 천천히 손발을 움직이는 모습이 보기에는 우습기도 하고 별로 운동도 될 것 같지 않지만, 30분만 하면 온몸에 땀이 쏟아진다. 요령은 긴장을 풀고 천천히 호흡을 고르게 하며 기를 운행하는 것이 관건이다. 최근에는 질병의 치료와 건강에 뛰어난 효과가 있다는 사실이 널리 알려져 전 세계적으로 유행하게 되었다. 중국에서의 태극권의 열풍은 대단해서, 웬만한 노인 치고 태극권을 할 줄 모르는 사람이 없다. 태극권은 陈씨 태극권과 杨씨 태극권이 양대 산맥을 이루고 있으나 일반에는 1956년 중국 정부가 간결하게 종합한 태극권 24식이 가장 널리 보급되어 있다.

참고 사이트   대한민국태극권협회   http://taichi.or.kr
진식태극권 대한민국총회   http://www.tai-ji.co.kr/

这是谁的羽毛球?

이것은 누구의 배드민턴 공인가요?

학습 목표　요청의 표현을 말할 수 있다.

중심 표현과 단어

✔ 중심 표현　　这是谁的○○?
　 주요 단어　　谁。的,羽毛球

✔ Daily Routin

老师	你们好!
学生	老师好!
老师	周末过得怎么样?
学生	很好。过得很愉快。

Review

1. 지난 시간에 배운 리듬젓가락을 다시 한번 불러 본다.

무슨 맛일까 (闻一闻)

-교사는 자유롭게 이야기할 수 있는 분위기를 조성하며 수업을 진행한다-

- 즐거운 중국어 시간이 또 돌아왔습니다.
- 闻一闻。今天要学什么内容? : 오늘은 무슨 내용을 배울 것 같죠?
- 看看图画。 : 그림을 보세요.
- 图画里有谁? : 그림에 누가 있나요?

― 자연스럽게 학생들의 반응을 유도한다 ―

- 오늘은 누구의 소유인지 묻고 대답하는 표현을 중심으로 배워 보도록 하겠습니다.

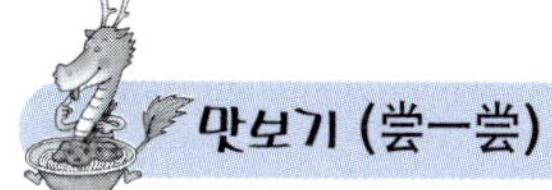

(1) 수업 진행

-교재의 그림을 보도록 한다-

▶ '书上有什么人? ' 책에 누가 있나요?
  : 东东, 佳佳, 小龙

▶ '他们做什么?' 그들은 무엇을 하고 있나요? [학생들의 대답을 집중하여 듣는다.]
  그럼 플래시를 한번 볼까요?

-플래시를 보도록 한다-

▶ '你们听到什么内容? 说一说吧。 ' 어떤 내용을 들었나요? 얘기해 보세요.
  : 这, 是, 谁, 一起, 玩儿, 好吗, 好的 등 [학생들의 대답을 집중하여 듣는다.]
  '很好. '참 잘했어요.

-한 문장씩 들어가며 전체적으로 설명한다-

▶잘했어요. 오늘은 샤오롱, 동동, 쟈쟈가 등장해요. 그런데 샤오롱은 한마디도 하지 않네요.
  화가 났나요? 대화 내용을 하나하나 들어가며 살펴볼께요.

▶동동이 샤오롱에게 먼저 물었어요. '小龙, 这是谁的羽毛球?' '这'가 무엇일까요? 맞아요. 가까이 있는 것을 가리키는 말이예요. '이것'이죠. 그럼 조금 멀리있는 것을 가리키는 '저것', 혹은 '그것'은 무엇일까요? 그래요. '那예요.

'谁'는 무엇일까요? 그렇죠. '누구'라는 의문사죠? '的'는 '…의'라는 뜻의 소유를 나타내는 단어죠. '羽毛球'는 배드민턴 혹은 배드민턴 공을 나타내구요. 여기서 퀴즈! 왜 배드민턴 공이 '羽毛球'일까요? [자유로운 반응 유도]

맞아요. [깃털 우 羽, 털 모 毛, 공 구 球] '새 깃털로 만든 공'이란 뜻이예요. 이렇게 한자를 알면 유추하기 쉬운 단어들이 많아요.

자! 다시 한번 들어 볼까요? '小龙, 这是谁的羽毛球?' 이젠 무슨 말인지 알겠죠? '샤오롱, 이건 누구의 배드민턴 공이야?'

▶그랬더니 쟈쟈가 대답합니다. '是我的。 내 것이야.' 맨 앞에는 '这'가 생략되어 있답니다.

▶동동이 이렇게 대답했어요. 들어 볼까요? '我们一起玩儿羽毛球, 好吗?' '我们 우리', '一起'가 뭐였죠? 그렇죠! '같이, 함께'죠, '玩儿 놀다, 하다' '우리 같이 배드민턴 치자.', '好吗? 좋지?'
- 玩儿 대신 打를 써도 됨을 가르쳐 줘도 좋다.
- 특히 손으로 하는 공 놀이-농구, 탁구, 배구, 골프, 야구 등-는 동사 打를 씀을 알려 줘도 좋다)

▶쟈쟈가 다시 대답하네요. '好的。' 뭐였죠? 그렇죠! '좋아~!'랍니다.

(2) 연습

▶오늘도 알고보니 간단한 본문 내용이었군요. 그럼 한 문장씩 다시 한번 들어 볼까요? 가능한 친구들은 따라해도 좋아요. 한번 더 뜻을 생각하면서 전체적으로 들어 보세요. 이젠 따라 읽어 볼까요?
[교사를 따라 여러 번 읽어 귀와 입에 익숙해지도록 한다.]

–대화 내용을 따라 읽도록 한다–

▶뜻을 생각하면서 연습해 볼까요?
- 다시 한번 플래시를 들려주고, 해석만 보고 이야기하기, 화면만 보고 연극하기 등 충분히 연습한다.]

▶참, 잘했습니다.

비비기 (拌一拌)

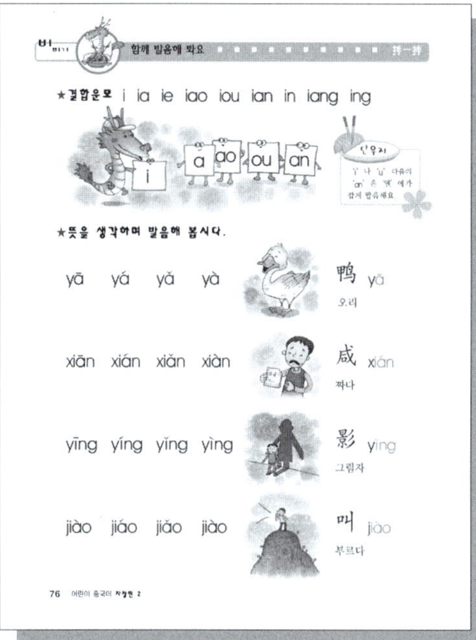

■ 결합운모

운모 ' i ' 다음에 결합할 수 있는 운모를 연습한다.

ia ie iao iou ian
in iang ing

■ 예시단어

- 鸭 yā 오리
- 咸 xián 짜다
- 影 yǐng 그림자
- 叫 jiào 부르다

■ 교사를 위한 발음지도 tip

- 학생들이 ' i ' 뒤에 어떤 운모가 오는지 하나하나 암기할 필요는 없음을 알려 준다. 다만, 기존에 배웠던 운모를 정확히 발음하여 서로 결합하여 연습할 수 있도록 한다. 이때, 주의사항은 ' an '은 보통 '안'으로 발음하지만, ' i '나 ' ü ' 뒤에서는 '엔'에 가깝게 발음함을 주의하도록 한다. 즉, ' ian '은 '이안'이 아니라, '이엔'에 가깝게 발음한다.

■ 참고 단어

ia	牙齿	yáchǐ	치아, 이빨	豆芽儿 dòuyár 콩나물
ie	作业	zuòyè	숙제	爷爷 yéye 할아버지
iao	腰	yāo	허리	药 yào 약
iou	邮局	yóujú	우체국	游泳 yóuyǒng 수영하다
ian	眼睛	yǎnjing	눈	电影 diànyǐng 영화
in	音乐	yīnyuè	음악	拼音 pīnyīn 병음
iang	羊	yáng	양	太阳 tàiyáng 태양
ing	青年	qīngnián	청년	名字 míngzi 이름

곱빼기 (再来一点)

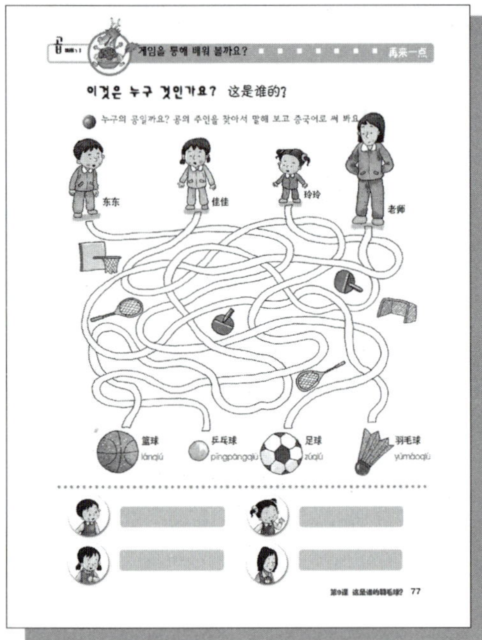

이것은 누구의 것인가요? 这是谁的?

1. 활동 목표
누구의 소유인지 중국어로 묻고 답할 수 있다.

2. 활동 방법
(1) 물건 찾기 :
  ① 교재 77쪽의 캐릭터와 사물의 이름을
    중국어로 말해 본다.
  ② 물건들의 주인을 찾아본다.
  ③ 물건의 주인을 찾았으면, 아래쪽 활동
    칸에 물건의 이름을 한글과 중국어로 적
    어 본다.

④ 교사가 묻고 학생들 전체가 답해 본다.　○○是谁的?　→ 개별적으로 답하기
⑤ 친구끼리 묻고 답하도록 한다.
⑥ 교사가 다시 개별적으로 확인해 본다.

■학습장

오목 놀이　　　　　(학습장 36쪽 4번)

- 공의 이름을 익히기 위해 곱빼기 활동 전에 활용해도 좋다.
- 먼저 오목놀이를 설명한다. 기존의 오목과는 다르게 네모 칸 다섯 개를 채워 오목을 만들어
  야 한다.
- 다섯 칸의 네모가 가로, 세로, 또는 대각선으로 한 줄만 완성되어도 이기는 놀이이다.
- 자기의 색연필을 정하도록 한다.
- 공의 이름을 정확하게 중국어로 말해야만 그 칸을 내 색으로 표시할 수 있다.

리듬젓가락 (节奏筷子)

■ 리듬젓가락 내용 해석

이것은 누구의 배드민턴 공이지?
내 거야! 내 거야!

우리 함께 배드민턴을 치는 게 어때?
좋아! 좋아!
함께 놀자! 함께 놀자!

■ 리듬젓가락 지도하기

① 노래를 들어 본다.
② 알아들은 단어를 말해 본다.
③ 한 소절씩 따라 불러 본다.
④ 질문만 따라 불러 본다.
⑤ 조를 나누어 질문과 대답으로 나누어 불러 본다.
⑥ 다같이 불러 본다.

77

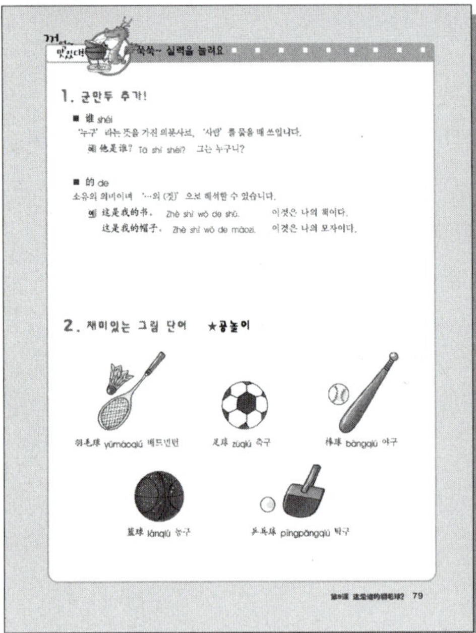

2. 재미있는 그림 단어

■ 공놀이(구기종목)

- 羽毛球 yǔmáoqiú 배드민턴
- 篮球 lánqiú 농구
- 足球 zúqiú 축구
- 乒乓球 pīngpāngqiú 탁구
- 棒球 bàngqiú 야구

■ 보충 단어 / 기타 운동 경기

- 保龄球 bǎolíngqiú 볼링
- 排球 páiqiú 배구
- 高尔夫球 gāo'ěrfūqiú 골프
- 台球 táiqiú 당구
- 网球 wǎngqiú 테니스

note

수업을 더 재미있게 만드는 나만의 노하우

디저트(甜点心)와 교사를 위한 문화 지식

디저트 / 산수갑천하(山水甲天下) 구이린(桂林)

중국 여행을 가면 현지 사람들은 다음과 같이 이야기합니다. "베이징에 가면 발이 아프고, 시안에 가면 귀가 아프고, 구이린에 가면 눈이 아프다".이 말은 베이징의 만리장성을 구경하려면 많이 걸어야 하고, 시안에서는 진시황과 진시황릉에 얽힌 재미있는 이야기들을 들어야 하기 때문에 귀가 아프고, 구이린에 가면 아름다운 자연을 보느라 눈이 피곤하단 것이지요.

"계림산수갑천하(桂林山水甲天下 Guìlín shānshuǐ jiǎ tiānxià ; 구이린의 산수 경치가 천하에서 제일 아름답다.)" 라는 말이 있을 정도로 구이린은 그 경치가 빼어난 곳입니다. 아름다운 이강(漓江)과 주위의 농촌 풍경이 어우러져 평화롭고 환상적인 풍경을 연출합니다.

사시사철 푸르름이 싱그러운 구이린은 아열대 기후에 속해서 일년 내내 기온이 따뜻합니다. 옛부터 계수나무가 많아 구이린(桂林)이란 이름을 얻게 되었지요. 구이린은 소수민족이 많이 사는 도시로 한족을 비롯하여 장족, 묘족, 등 28개 민족이 함께 살아가고 있습니다.

이곳은 3억년 전에는 바다였던 곳으로 지각 운동으로 인해 바다의 석회암 지대가 육지로 올라와 형성된 지형입니다. 오랜 세월에 거친 풍화와 침식작용으로 단단한 부분만 남아 뾰족한 봉우리들이 기암기석, 동굴, 종유석 등과 함께 아름다운 자태를 뽐내게 되었다는군요.

문화지식 / 계림(구이린)시

중국 남쪽에 위치하며 베트남과 국경을 접하고 있다. 아열대 기후에 속해 있어서 기온이 온화한데 연평균 기온은 19℃ 정도로 비교적 높고 비가 많이 온다. 1월 평균 기온은 6~16℃, 7월 평균 기온은 25~29℃, 연 강수량은 1,250~1,750 ㎜에 달한다. 인구는 약 50만 명 정도인데 소수민족이 모여 사는 도시이다. 그 중에서도 장족, 묘족, 요족 등 28개의 소수 민족이 전체 인구의 약 85%를 차지한다. 명·청 때 광서성으로 불리다가 1958년에 광서장족자치구(广西壮族自治区)가 성립되었다. 계수나무가 많기 때문에 계림이라고 이름이 붙여진 이곳은 음력 8월 15일 전후로 거리에 계수나무의 향기가 가득하다.

계림은 광주에서 비행기로 1시간 거리이며 북경, 서안, 상해, 성도, 곤명 등 중국의 주요 도시에서 항공 노선이 연결되어 있다. 우리나라에서 가려면 상해를 거쳐 계림으로 가던지, 북경을 거쳐 계림으로 들어갈 수 있다. 중국 경제성장의 상징인 상해를 통해 들어가는 것도 좋다. 세계 최초로 상용화된 자기부상 열차를 타고 상해 시내로 들어가서 동방명주 탑에서 아름다운 상해의 야경을 감상한 후 한 폭의 산수화같은 계림의 자연경치를 감상하는 것도 중국 여행의 또 다른 재미이다.

吃饭以前应该先洗手
밥 먹기 전에는 꼭 먼저 손을 씻어야 해요.

학습 목표 의무의 표현을 할 수 있다.

✓ **중심 표현과 단어**

중심 표현   吃饭了。 吃饭以前应该洗手。
주요 단어   吃, 饭, 洗, 手, 没, 以前, 应该

✓ **Daily Routin**

老师   你们好!
学生   老师好!
老师   周末过得怎么样?
学生   很好。 过得很愉快。

Review

책, 노트, 연필, 인형(娃娃) 등을 미리 준비하여 '这是谁的○○○?'의 질문을 하고 대답하도록 한다. 미리 학생의 물건을 준비해 두면 좋다.

 **무슨 맛일까 (闻一闻)**

-교사는 자유롭게 이야기할 수 있는 분위기를 조성하며 수업을 진행한다-

• 즐거운 중국어 시간이 또 돌아왔습니다.
• 闻一闻。 今天要学什么内容? : 오늘은 무슨 내용을 배울 것 같죠?
• 看看图画。 : 그림을 보세요.
• 图画里有谁? : 그림에 누가 있나요?
• 他做什么? : 그는 무엇을 하고 있나요?

– 자연스럽게 학생들의 반응을 유도한다 –

• 오늘은 식탁에서 자연스럽게 이루어질 수 있는 대화를 배우고, '…해야만 한다'라는 표현을 중점적으로 배워 보도록 하겠습니다.

(1) 수업 진행

-교재의 그림을 보도록 한다-

▶ '书上有什么人？' 책에 누가 있나요?
: 爸爸, 妈妈, 东东, 玲玲

▶ '他们做什么?' 그들은 무엇을 하고 있나요? [학생들의 대답을 집중하여 듣는다.]
그럼 플래시를 한번 볼까요?

-플래시를 보도록 한다-

▶ '你们听到什么内容? 说一说吧。' 어떤 내용을 들었나요? 얘기해 보세요.
: 吃, 我 등[학생들의 대답을 집중하여 듣는다.]
'很好。' 참 잘했어요.

-한 문장씩 들어가며 전체적으로 설명한다-

▶잘했어요. 오늘은 내용이 생소할 거예요. 아마 새로운 단어들이 많이 나왔기 때문일 거예요.
그럴 때는 본문 그림을 먼저 보면서 무슨 대화 내용이 나올지 미리 상상해 보는 것이 좋아요.

▶그림을 한번 보세요. 누가 있죠? ‘爸爸, 妈妈, 东东, 玲玲’이 있죠. 무엇을 하려고 하고 있나요? ‘밥 饭’을 먹으려고 하죠. ‘밥 먹다’는 ‘吃饭’이예요. 엄마가 식사 준비를 마치시고, 하실 말씀이 무엇이겠어요? ‘동동, 링링 밥 먹자!’ 정도가 아닐까요? 그런데, 링링의 손과 얼굴 좀 보세요. 꼬질꼬질하네요.

‘씻다’는 중국어로 ‘洗’랍니다. 읽어 볼까요? [몇 번 따라 읽도록 한다.]

‘손’은 중국어로 ‘手’거든요. 그럼 ‘손을 씻다’는 뭘까요? ‘洗手’겠죠? 얼굴은 ‘脸’인데요. ‘얼굴을 씻다’는 뭘까요? 그렇죠. ‘洗脸’이 되겠네요.

다시 그림으로 돌아가서요. 동동은 손 씻었나요? ‘东东, 洗手了吗?’ ‘了’는 동작의 완료를 나타내 줘요. 그렇죠. 씻었죠. ‘洗了。’ 그럼 링링은 ‘洗手了吗?’ 링링은 안 씻었어요. 이럴 때는 ‘不’가 아닌 ‘没’로 부정한답니다. 과거 일을 부정할 때요.

그럼 ‘링링은 안 씻었어요.’라고 한다면, ‘玲玲没洗’가 되겠네요. 이런 상황이라면, 엄마가 링링에게 뭐라고 한 말씀 하시지 않겠어요? 손을 씻고 오라던지, 얼굴을 씻고 오라던지…….. 그렇지요? 자, 그럼 그림과 상황을 상상하면서 한 문장씩 이제 들어 볼게요.

▶엄마가 말씀하시네요. ‘东东、玲玲, 吃饭了！’ 이젠 쉬워졌죠? 뭘까요? ‘동동, 링링, 밥 먹어라!’ 그 말을 들은 동동과 링링이 신이 났어요. 뭐라고 했죠? ‘吃饭了！吃饭了！’ 엄마의 말을 반복하며 ‘밥 먹자! 밥 먹자!’하는군요. 그랬더니 엄마가 이렇게 말씀하시네요. ‘你们洗手了吗?’ ‘你们 너희들’, ‘洗 씻다’, ‘手 손’, ‘了 동작의 완료’, ‘吗 의문을 나타내는 주는 조사’ 입니다.

‘너희들 손 씻었니?’그랬더니, 동동이 얘기하네요. ‘我洗了, 玲玲没洗。’ 저는, ‘洗了 씻었는데’, ‘玲玲 링링이’, ‘没洗 안 씻었어요.’ 마지막 엄마가 뭐라고 하셨는지 들어 보세요. ‘玲玲, 吃饭以前应该先洗手。’ ‘以前’은 ‘…전에’라는 뜻이예요. 그렇다면 ‘吃饭以前’은 ‘밥 먹기 전에’가 되겠군요.

‘应该’는 오늘 배울 가장 중요한 단어랍니다. 동사 앞에 쓰여서 ‘…해야만 한다’는 의무나 꼭 해야 하는 일을 가리키게 되요.
  [去, 玩儿, 做作业, 看书 등으로 활용 연습을 한다.]

‘先’은 먼저 라는 뜻이 랍니다. 그럼 해석이 다 되겠죠? ‘링링, 밥 먹기전에는 반드시 먼저 손을 씻어야 한단다’가 되겠군요.

▶이 문장[…以前应该先~。)을 활용해서 다양한 문장을 만들어 볼까요?
  • 看电视 – 做作业, 睡觉 – 洗脸, 看电影 – 挂手机 (영화를 보기 전에는 핸드폰을 꺼야 한다 등)

(2) 연습

▶오늘은 약간 까다로운 부분도 있었지만, 실생활에서 많이 쓸 수 있는 표현이니까 많이 연습

해서 활용할 수 있도록 하면 좋을 거예요. 그럼 한 문장씩 다시 한번 들어 볼까요? 가능한 친구들은 따라해도 좋아요. 한번 더 뜻을 생각하면서 전체적으로 들어 보세요. 이젠 따라 읽어 볼까요?

[교사를 따라 여러 번 읽어 귀와 입에 익숙해지도록 한다.]

–대화 내용을 따라 읽도록 한다–

▶뜻을 생각하면서 연습해 볼까요?
• 다시 한번 플래시를 들려주고, 해석만 보고 이야기하기, 화면만 보고 연극하기 등 충분히 연습한다.]

▶참, 잘했습니다.

비비기 (拌一拌)

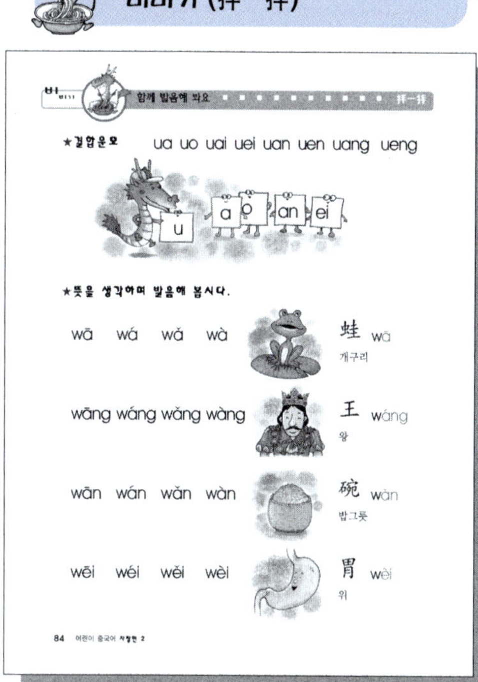

■ 결합운모

운모 'u' 다음에 결합할 수 있는 운모를 연습한다.

ua uo uai uei uen
uang ueng

■ 예시단어

• 蛙 wā 개구리
• 王 wáng 왕
• 碗 wǎn 밥그릇
• 胃 wèi 위

■ 교사를 위한 발음지도 tip

• 학생들이 'u' 뒤에 어떤 운모가 오는지 하나하나 암기할 필요는 없음을 알려 준다. 다만, 기존에 배웠던 운모를 정확히 발음하여 서로 결합하여 연습할 수 있도록 한다.

■ 참고 단어

ua	娃娃	wáwa	인형	袜子 wàzi	양말
uo	我	wǒ	나	卧室 wòshì	침실

uai	外面 wàimiàn 바깥쪽		拐 guǎi (방향을) 돌다	
uei	喂 wèi 여보세요		贵 guì 귀하다	
uen	闻 wén 냄새 맡다		问 wèn 묻다	
uang	汪 wāng 개 짖는 소리		网球 wǎngqiú 테니스	
ueng	塞翁失马 sài wēng shī mǎ 새옹지마			

곱빼기 (再来一点)

역할놀이 게임

1. 활동 목표
역할놀이를 통해 의무의 표현을 말할 수 있다.

2. 활동 방법
① 본문의 대화 내용 충분히 익히기
② 연습하기
③ 역할놀이하기 : 친구들 앞에서 본문의 내용을 가지고 역할놀이를 해 본다.
④ 뮤지컬 만들기 : 리듬젓가락을 익힌 후 적용이 가능하다. ③의 역할놀이를 마치고 역할놀이를 한 학생들이 같이 리듬젓가락을 부른다. 세 번째 소절은 전체 학생 다 같이 부른다.

■학습장

공통으로 들어갈 말을 찾아라!　(학습장 40쪽 4번)

- 운동장에서 열심히 운동을 하고 들어오는 동동과 소룡, 손이 어떤가요?
- 쟈쟈는 동동과 소룡에게 뭐라고 했을까요?
- 동동이 찰흙놀이를 하고 있어요. 그런데 종소리가 들리자 선생님이 뭐라고 하셨을까요?
- 급식을 받으려는 동동의 손은 어떠한가요?
- 쟈쟈는 동동에게 무슨 말을 했을까요?
- 두 만화에서 쟈쟈가 공통으로 했을 말은 무엇인가요? 한 번 써 봅시다.

리듬젓가락 (节奏筷子)

■리듬젓가락 내용 해석

밥 먹자! 밥 먹자!
손 씻었니?
씻었어요! 씻었어요! 당연히 씻었어요!

수업하자! 수업하자!
준비 다 했니?
했어요! 했어요! 준비 다 했어요!

* 准备   zhǔnbèi   준비하다

■리듬젓가락 지도하기

① 노래를 들어 본다.

② 알아들은 단어를 말해 본다.

③ 한 소절씩 따라 불러 본다.

④ 역할 나누어 부르기 : 1과 2로 나누어 부르고 세 번째 소절은 함께 불러 본다.

⑤ 박수치면서 노래 부르기 (시스터액트 스타일)

　　뮤지컬 같은 음악으로 즐거운 분위기 살리기!

⑥ 다같이 불러 본다.

note

수업을 더 재미있게 만드는 나만의 노하우

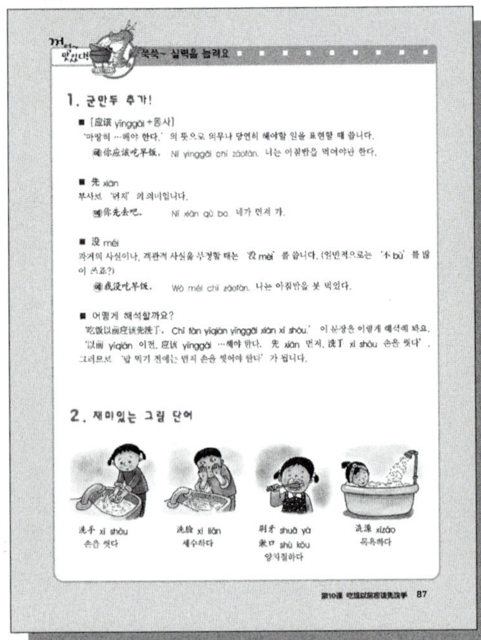

2. 재미있는 그림 단어

■청결과 관련 있는 단어

- 洗手 xǐshǒu 손을 씻다
- 洗脸 xǐliǎn 세수하다(얼굴을 씻다)
- 刷牙 shuāyá 양치질하다
- 洗澡 xǐzǎo 목욕하다

■보충 단어

- 洗脚 xǐjiǎo 발 씻다
- 足疗 zúliáo 발마사지

디저트(甜点心)와 교사를 위한 문화 지식

▌ 디저트 / 중국의 이색 음식 '거지닭'

　중국 음식에 '거지닭'이라는 요리가 있습니다. 중국의 남쪽 지역의 유명한 닭 요리로 '부귀닭'이라고도 부르기도 하는데 요리 방법이 특이하고 맛이 담백하며 정말 맛있습니다.

　이 요리의 유래는 다음과 같습니다. 옛날 중국 강남 지방의 소흥이라는 마을 근처의 거지들이 닭을 훔쳐다가 털을 뽑고 황토 진흙을 발라 몰래 땅 속에 파묻어 둔 후 나중에 한 마리씩 꺼내서 구워먹었다고 합니다. 황토 흙을 발라 땅 속에 묻어두면 쉽게 상하지 않고 사람들에게 들키지도 않았던 것이지요.

　그런데 이와 관련하여 청나라 때 건륭 황제와의 재미있는 일화가 있습니다. 건륭 황제는 풍류를 즐기던 황제였는데 황궁이 있는 베이징을 떠나 풍류와 예술의 고장인 중국 강남 지방을 자주 행차를 하였다고 합니다. 때로는 심복 몇 명만 데리고 암행도 많이 하였습니다. 어느 날 심복들과 함께 암행 중이던 건륭 황제가 소흥 지방에 다다랐는데 밤이 너무 늦어 숙소를 찾지 못하고 숲속에서 야영을 하게 되었다고 합니다. 황제 일행은 추위와 산짐승을 피하기 위해 모닥불을 피워놓고 불 주위에서 잠을 청하려고 하는데 어디선가 고소한 닭고기 익는 냄새가 진동하였습니다. 도대체 어디서 나는 냄새인지 한참을 찾아보니 뜻밖에도 모닥불 아래에서 고소한 냄새가 나오고 있었습니다. 그 곳을 파 보았더니 황토흙에 싸여 있는 닭이 모닥불 열기에 잘 익혀지고 있었습니다. 황제 일행은 딱딱하게 굳은 황토를 깨고 그 속의 닭고기를 맛있게 먹었다고 합니다. 아마도 거지 일행은 멀리서 발만 동동구르며 침만 삼켰겠지요?

문화지식 / 중국의 세계적인 음식 만한전석(满汉全席)

중국인은 다리가 네 개 달린 것은 책상 외에는 다 먹고, 다리가 둘 달린 것은 사람 외에는 다 먹고, 날아다니는 것은 비행기 외에는 다 먹을 수 있다는 속담이 있을 정도로 먹는 것에 대한 관심과 열정이 대단하다. 중국인들은 원숭이, 개구리, 뱀, 고양이, 매미, 전갈, 물방개 등의 모든 재료를 사용하여 다양 요리를 만들어 내고 있다. '백성은 먹는 것을 하늘처럼 여긴다.(民以食为天)' 이 말 한마디로 중국인의 음식에 대한 관념을 이해할 수 있을 것이다. 중국에서 동·식물학이 발달하지 못한 이유에 대해 임어당은 다음과 같이 표현했다고 한다. "중국의 학자는 물고기를 보고는 즉각 '이놈을 먹으면 어떤 맛이 날까?'하고 생각하거나, 혹은 먹고 싶다는 생각 때문에 냉정하고도 무감각하게 그 물고기를 관찰할 수가 없다. 또 중국인은 고슴도치를 보면 당장 그 요리법과 중독이 되지 않게 먹는 법을 연구한다. 그것을 생각하지 않고서는 가만히 고슴도치를 보고 있을 수 없기 때문이다." 이 또한 중국인의 음식에 대한 집착을 냉소적으로 보여주는 한 단면이다. 이토록 음식을 중시하는 중국인이 만들어 낸 세계적인 요리 하나를 소개한다면 만한전석(满汉全席)을 들 수 있다.

청나라 제 6대 건륭 황제는 둘째가라면 서러워할 미식가였다 건륭황제가 각지를 순회할 때마다 그 지방의 요리를 음미했을 뿐만 아니라 요리사를 반드시 북경(北京)으로 데리고 돌아왔다. 그 요리사 중에 양주 사람인 요리사가 만주족이 좋아하는 사슴과 곰 등 야생 짐승의 고기와, 양주 사람들이 좋아하는 어패류와 야채의 산해진미를 함께 배합하여 만든 것이 바로 만한전석이다.

만한전석은 이후 황제가 베푸는 연회에 나오는 대표 요리가 되어 황제의 위대함을 과시했다고 한다. 천하의 진귀한 재료를 모두 모아 최고의 조리 기술로 맛과 영양을 최대한 살려 만들어내는 만한전석은 원숭이 입술, 표범의 태아, 백조, 공작, 거북, 대나무 벌레, 해삼 등 중국 전역에서 모아 온 진귀한 재료로 만든 324종이나 되는 메뉴를 사흘 동안 먹었다고 한다. 요리를 먹는 사이사이에 탕과 면이 때를 맞추어 나오고, 최고급 술과 차로 식욕을 돋우고 소화를 도와 식사 후에도 속이 편안하다고 한다.

이 궁중 요리에는 조리에는 엄격한 규정이 있다고 한다. 즉, 각지에서 생산되는 유명한 채소를 사용하되 색(色), 향(香), 맛(味)을 갖추고 있어야 하고 여기에 기(器), 고(故), 형(形) 등의 특징이 있어야 한다. 기(器)는 고급 식기, 고(故)는 요리에 얽힌 이야기, 형(形)은 요리를 그릇에 담을 때 아름답게 하는 것이다.

现在几点了?

지금은 몇 시인가요?

학습 목표

1. 좀더 확장된 표현을 사용하여 시간 표현을 할 수 있다.
2. 지각과 관련된 표현을 할 수 있다.

✓ 중심 표현과 단어

| 중심 표현 | 怎么才来?　　睡懒觉。　　别…了。 |
| 주요 단어 | 怎么, 才, 来, 起床, 以后, 别 |

✓ Daily Routin

老师	你们好!
学生	老师好!
老师	周末过得怎么样?
学生	很好。过得很愉快。

Review

'应该'를 활용하여 문장을 만들어 보도록 한다.

[밥 먹기 전에는 손을 씻어야 한다, 텔레비전을 보기 전에 숙제를 해야 한다 등]

무슨 맛일까 (闻一闻)

−교사는 자유롭게 이야기할 수 있는 분위기를 조성하며 수업을 진행한다−

• 즐거운 중국어 시간이 또 돌아왔습니다.
• 闻一闻。今天要学什么内容? : 오늘은 무슨 내용을 배울 것 같죠?
• 看看图画。 : 그림을 보세요.
• 图画里有谁? : 그림에 누가 있나요?
• 她做什么? : 그녀는 무엇을 하고 있나요?

−자연스럽게 학생들의 반응을 유도한다−

• 오늘은 늦잠을 자고 일어난 아침, 학교에서 일어날 수 있는 대화를 공부해 보도록 하겠습니다.

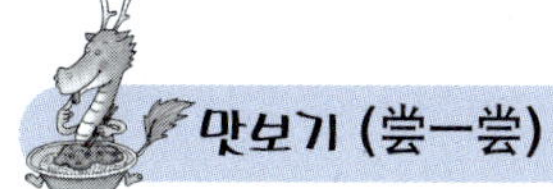

(1) 수업 진행

▶ '书上有什么人? ' 책에 누가 있나요?
  : 老师, 佳佳

▶ '他们做什么?' 그들은 무엇을 하고 있나요? [학생들의 대답을 집중하여 듣는다.]
  그럼 플래시를 한번 볼까요?

▶ '你们听到什么内容? 说一说吧。 ' 어떤 내용을 들었나요? 얘기해 보세요.
  : 几点, 对不起, 老师, 睡, 八点五十分 了 등[학생들의 대답을 집중하여 듣는다.]
  '很好。 '참 잘했어요.

▶잘했어요. 오늘도 내용이 어렵게 느껴질 거예요. 새로운 단어들이 많이 나왔기 때문이죠. 그럴 때는 지난 번처럼 본문 그림을 먼저 보면서 무슨 대화 내용이 나올지 미리 상상해 보는 것이 좋아요.

▶그림을 한번 보세요. 교실 안이예요. 다른 친구들은 모두 앉아서 공부하고 있는데, 쟈쟈가 문을 열고 들어서고 있어요. '老师 선생님'이 약간 화난 표정으로 서 계시죠? 상황을 보아하니, 쟈쟈가 '迟到 늦은' 모양이예요.

그래서 이렇게 말씀을 하셨어요. '佳佳,现在几点了? 你怎么才来?' 쟈쟈야, '现在'는 '지금, 현재'라는 뜻이랍니다. '几点'은 '몇 시'라는 뜻이죠? 3과에서 배웠었죠? '你 너', '怎么'는 '어떻게', 혹은 '어째서'라는 의미의 의문사예요. 이유를 묻거나, 방식을 물을 때 쓰여요. '才'는 '비로서'구요. '来'는 '오다'죠. 다시 살펴보면, '쟈쟈야, 지금 몇 시니? 너 어째서 이제야 오는 거야?'가 되겠죠.

▶당연히 쟈쟈는 부끄럽고, 죄송스러울 거예요. 그래서 이렇게 대답했네요. '对不起,老师。我睡懒觉了。' '对不起,老师。' 뭘까요? 그렇죠! '죄송해요. 선생님', '我 제가', '睡觉'는 '잠자다'잖아요. '懒'은 '게으르다'라는 뜻이예요. 즉, '게으른 잠을 자다, 늦잠을 자다'가 되겠군요. 다시 말해, '제가 늦잠을 잤어요.'

'八点五十分才起床。' '八点五十分' 몇 시 몇 분이요? 8시 50분이죠? '8시 50분이 되어서', '才' 또 나왔네요. '비로서'라고 했죠? '起床 기상하다, 일어나다'가 됩니다. 정리해 보면, '8시 50분이 되어서야 일어났어요.'가 되겠군요.

▶그랬더니, 선생님이 이렇게 말씀하셨어요. '以后别睡懒觉了。' 오늘 배울 주요 표현이 여기도 있네요. [别+동사]는 '…하지 마라'가 됩니다.
  [예를 들어가며 설명한다. 吃,喝,玩儿 등]

'以后는 '…한 이후에'구요. 이 단어의 반대말은 무엇일까요? 그렇죠. '以前'입니다. 그렇다면 해석은 쉽겠죠? '이후에, 다음부터 늦잠자지 말아라.'가 되겠군요.

(2) 연습

▶이렇게 단어를 아니, 해석은 되지만, 실제로 이런 대화를 얘기할 수 있으려면 외울 정도로 읽고 연습하는 것이 필요해요. 한 문장씩 다시 한번 들어 볼까요? 가능한 친구들은 따라해도 좋아요. 한번 더 뜻을 생각하면서 전체적으로 들어 보세요. 이젠 따라 읽어 볼까요?
  [교사를 따라 여러 번 읽어 귀와 입에 익숙하도록 한다.]

−대화 내용을 따라 읽도록 한다−

▶뜻을 생각하면서 연습해 볼까요?
  [다시 한번 플래시를 들려주고, 해석만 보고 이야기하기, 화면만 보고 연극하기 등 충분히 연습한다.]

▶참, 잘했습니다.

비비기 (拌一拌)

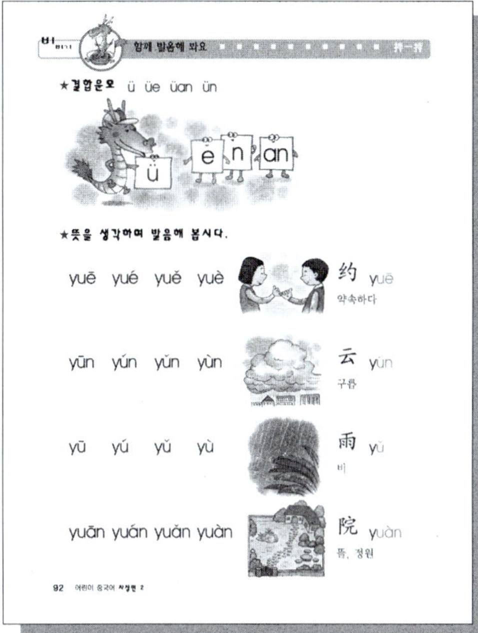

■ 결합운모

운모 'ü' 다음에 결합할 수 있는 운모를 연습한다.

ü üe üan ün

■ 예시단어

- 约 yuē 약속하다
- 云 yún 구름
- 雨 yǔ 비, 비오다
- 院 yuàn 뜰, 정원

■ 교사를 위한 발음지도 tip

- 학생들이 'ü' 뒤에 어떤 운모가 오는지 하나하나 암기할 필요는 없음을 알려 준다. 다만, 기존에 배웠던 운모를 정확히 발음하여 서로 결합하여 연습할 수 있도록 한다.
- 'i' 뒤에 'an'이 올 때 '안'이 아니라 '엔'에 가깝게 읽은 것처럼 'ü' 다음의 'an'도 '안'이 아니라 '엔'에 가깝게 읽는다.

■ 참고 단어

ü	鱼 yú 물고기	羽毛球 yǔmáoqiú 배드민턴
üe	月亮 yuèliang 달	学生 xuésheng 학생 喜雀(喜鹊) xǐque 까치
üan	远 yuǎn 멀다	选择 xuǎnzé 선택하다
ün	裙子 qúnzi 치마	军队 jūnduì 군대

곱빼기 (再来一点)

두 팔을 벌려라!

1. 활동 목표

시계를 보고 중국어로 시간을 말할 수 있다.

2. 준비물

① 여러 시간이 적힌 카드를 준비한다.
(굳이 카드가 아니어도 되며 공책에 시간을 적어 두어도 된다.)

① 학생들이 나와서 시간을 표현할 수 있도록 칠판에 커다란 시계를 그려 두거나, 전지에 시계 모양을 그려서 준비한다.

2. 활동 방법

(1) 방법 1

① 한 학생에게만 시간이 써 있는 카드를 보여 준다.
② 카드를 본 학생은 칠판의 시계에 두 팔을 벌려 그 시간을 만든다.
③ 다른 아이들은 그 시간을 맞춘다.

(2) 방법2

① 한 학생에게 중국어로 시간을 말해 준다.
② 그 학생은 칠판의 시계에 두 팔을 벌려 그 시간을 만든다.
③ 다른 학생들은 그 시간을 맞춘다.

■ 학습장

시간을 맞춰라!   (학습장 44쪽 4번)

• 왼쪽에 중국어로 제시된 시간을 보고 오른쪽의 디지털 시계를 맞추는 문제이다.
• 디지털 시계에 알맞은 숫자를 써 넣으면 된다.
• 정답을 확인한 후 디지털 시계의 시간을 교사가 우리말로 말하면 학생들이 해당 시간을 중국어로 다시 답하도록 한다.

리듬젓가락 (节奏筷子)

■ 리듬젓가락 내용 해석

가지 마~ 가지마~
사랑해!

먹지 마~ 먹지 마~
뚱뚱해 져!

놀지 마~ 놀지 마~
공부해야 해!

움직이지 마~ 움직이지 마~
내가 너를 잡을 거야!

■ 리듬젓가락 지도하기

① 학생들이 극을 만들기 좋게 멜로디 중심이 아닌 리듬 중심으로 진행한다.
② 리듬젓가락을 들어 본다.
② 알아들은 단어를 말해 본다.
③ 한 소절씩 따라 불러 본다.
④ 리듬에 맞춰 발을 구르거나, 손뼉을 치면서 따라 불러 본다.
⑤ 다같이 불러 본다.
⑥ 뮤지컬 같은 음악으로 즐거운 분위기 살리며 진행한다.

■ 해 볼 만한 지도법

- 술래를 한 명 정한다.
- 세 번째 소절까지는 다 함께 부르고 마지막 소절은 술래가 혼자 부른다.
- 술래는 마지막 소절을 부르면서 한 사람을 지목하고 해당 사람을 잡으러 간다.(야외 활동)

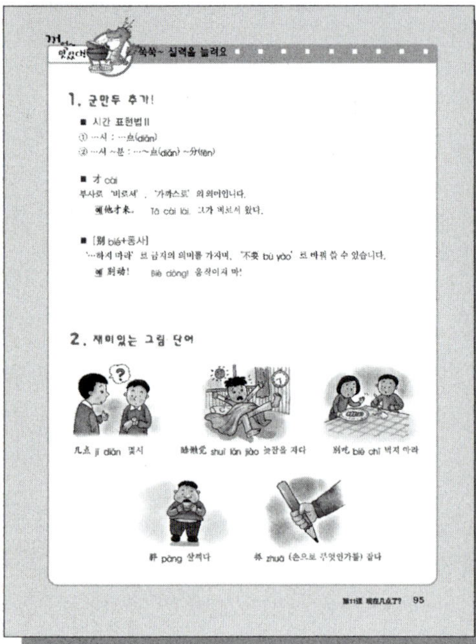

2. 재미있는 그림 단어

■ 기타 표현

- 几点 jǐ diǎn 몇 시
- 睡懒觉 shuì lǎn jiào 늦잠을 자다
- 别吃 bié chī 먹지 마라
- 胖 pàng 살찌다
- 抓 zhuā (손으로 무엇인가를) 잡다

■ 보충 단어

- 爱 ài 사랑하다
- 恨 hèn 증오하다
- 胖 pàng 뚱뚱하다
- 瘦 shòu 마르다
- 粗 cū 두껍다
- 细 xì 얇다

note

수업을 더 재미있게 만드는 나만의 노하우

디저트(甜点心)와 교사를 위한 문화 지식

디저트 / 중국 사람들은 빨간색을 좋아해요

중국 사람들에게 붉은색은 어떤 의미가 있을까요? 예로부터 중국 사람들은 노란색을 고귀하고 신성한 권위의 상징으로 여겨왔습니다. 그리고 붉은색을 좋은 일과 기쁜 일이 생기는 경사로움의 상징으로 여깁니다. 그래서 민간에서는 생일이나 환갑, 결혼 등 경사스러운 날에 붉은색으로 실내를 장식하여 명절 분위기를 돋구어 줍니다.

중국 최대 명절인 춘절에는 집집마다 빨간 바탕에 복(福 –복 복)자를 쓴 '춘련'이라는 것을 만들어 거꾸로 붙입니다. 이것은 복이 들어오기를 바라며 붙이는 것으로 이제는 관습처럼 굳어졌고, 일년 내내 붙여 놓기도 합니다. 그리고 복(福)자를 쓸 때는 주로 빨간 바탕에 황금색 글씨를 사용하는데, 황금색 글씨는 재물을 상징하고, 빨간색은 번영을 상징합니다.

붉은색은 중국의 전통적인 명절 색이 되었습니다. 결혼식 때에도 귀신을 쫓아낸다는 의미로 많은 폭죽을 터뜨리는데, 폭죽 색깔도 역시 붉은 색입니다. 이밖에도 미인을 가리키는 말을 '홍안(红 – 붉다 홍, 颜 – 얼굴 안)'이라고 합니다.

오랫동안 중국 사람들은 붉은색을 피와 생명의 상징으로 여기고 액운을 막고 복을 가져다 주는 색으로 여겨왔습니다. 이런 이유로 여러 경축행사를 붉은색으로 장식하는 풍속이 지금까지 계속되고 있습니다. 아마 여러분이 중국에 여행을 가 보면 건물과 간판의 글씨 등 모든 곳에서 붉은색을 정말 많이 사용하고 있다는 것을 알 수 있을 것입니다.

문화지식 / 경극에 나타나는 중국인의 색 관념

중국에는 전통극이 300종 이상 있는데, 그 중 가장 널리 알려진 것은 베이징 오페라(Beijing Opera)라고 불리우는 경극(京劇)이다. 배역 얼굴에 칠한 색은 등장인물의 성격과 인품, 배역과 운명을 결정한다. 또한 연극의 줄거리를 이해하는 열쇠가 되기도 한다. 간단히 말해서 붉은색 얼굴은 긍정적 의미를 띠고 있는데 충성과 용기를 대표한다. 검은색 얼굴은 중성으로 용맹하고 지혜로운 자를 대표한다. 푸른색 얼굴과 녹색 얼굴 역시 중성으로 민간 영웅, 도적 영웅을 대표한다. 노란 얼굴과 하얀 얼굴은 부정적 의미를 함유하고 있는데 흉악한 자를 대표한다. 금색과 은색 얼굴은 신비함을 나타내고 신(神) · 귀신을 대표한다.

东东的一天

第十二课

동동의 하루

학습 목표 하루 일과를 중국어로 이야기 할 수 있다.

✓ 통심 표현과 단어

주요 단어 　今年, 读, 年级, 起床, 上学, 开始, 上课, 下课, 或者

✓ Daily Routin

老师	你们好!
学生	老师好!
老师	周末过得怎么样?
学生	很好。过得很愉快。

Review

'别'를 이용한 문장을 다시 한번 연습해 보도록 한다.
[리듬젓가락을 다시한번 불러보아도 좋다]

 무슨 맛일까 (闻一闻)

－교사는 자유롭게 이야기할 수 있는 분위기를 조성하며 수업을 진행한다－

- 즐거운 중국어 시간이 또 돌아왔습니다.
- 闻一闻。今天要学什么内容? : 오늘은 무슨 내용을 배울 것 같죠?
- 看看图画。 : 그림을 보세요.
- 图画里有谁? : 그림에 누가 있나요?
- 他们在说什么? : 무슨 이야기를 나누고 있을까요?

－ 자연스럽게 학생들의 반응을 유도한다 －

- 벌써 2권의 마지막 과입니다. 오늘은 총 복습의 의미로 그동안 배웠던 단어와 새로운 단어들을 좀더 첨가해 '나의 하루'를 중국어로 말할 수 있도록 연습해 보도록 하겠습니다.

(1) 수업 진행

-교재의 그림을 보도록 한다-

▶ '书上有什么人？' 책에 누가 있나요?
  : 东东

▶ '他们做什么?' 그들은 무엇을 하고 있나요? [학생들의 대답을 집중하여 듣는다.]
  그럼 플래시를 한번 볼까요?

-플래시를 보도록 한다-

▶ '你们听到什么内容？ 说一说吧。' 어떤 내용을 들었나요? 얘기해 보세요.
  : 我叫东东, 八点起床, 八点十五分, 以后, 做作业, 跟, 朋友们, 玩儿 등
  [학생들의 대답을 집중하여 듣는다.]
  '很好。' 참 잘했어요.

-한 문장씩 들어가며 전체적으로 설명한다-

▶ 잘했어요. 오늘은 동동이 '나의 하루'를 발표하고 있네요. 한 문장씩 들어보고, 동동의 하루 일과를 살펴보도록 하겠습니다.

▶첫 번째 문장부터 볼까요? 이건 다 알아들었죠? '我叫东东。' 그래요. '나는 동동이야'가 되겠네요. 그 다음 문장 볼까요? '今年10岁。' '10岁' 뭘까요? 맞아요. '10살입니다.'예요. '今年'은 '올해'라는 뜻이예요. 다시 정리하면, '나는 동동이야, 올해 10살이지'가 되겠군요.

▶'我读小学三年级。' '小学'는 '초등학교'예요. '年级'는 '학년'이구요. '读'는 원래 '읽다'라는 뜻이예요. 나는 초등학교 3학년 (과정을) 읽고 있어. 즉, 여기처럼 학년과 같이 쓰이면 '재학 중이다'라고 해석하면 됩니다. 그러면 '나는 초등학교 3학년에 재학 중이야.'가 되겠군요.

▶다음 문장 들어 보세요. '我每天八点起床,八点十五分吃早饭,八点半上学。' '每天'은 '매일'이랍니다. '我每天八点起床。' 나는 매일 8시에 '起床 일어나고', '八点十五分吃早饭。' '八点十五分 8시 15분'에 '吃 먹어', 무엇을요? '早饭 아침밥'을요. 그리고, '八点半上学。' 8시 반, 8시 30분에 '上学'는 '등교하다'랍니다.

▶다음 문장 들어 볼까요? '我们九点半开始上课,下午三点下课。' '我们九点半开始上课', '我们 우리들'은, '九点半 아홉시 30분'에, '开始 시작'해, '上课 수업하다'. '下午 오후', '三点 3시'에 '下课 수업을 마치다'랍니다. 정리하면, '우리들은 9시 30분에 수업을 시작하고, 오후 3시에 수업을 마쳐'가 되겠군요.

▶이제 마지막 문장 들어 볼까요? '下课以后,我做作业或者跟朋友们玩儿。' '下课 수업을 마치다.' '以后'가 뭐였죠? 그렇죠. '…한 이후'에 였습니다. '做作业 숙제하다', '或者'는 영어로 하자면 'or', 우리나라 말로 '혹은'이 되겠군요. '跟'은 '…와/과'였죠. '朋友'는 '친구' 잖아요. '朋友们'은 '친구들'이 되겠군요. '玩儿'은 '놀다'구요. 정리해 볼까요? '수업을 마친 이후, 나는 숙제를 하거나 혹은 친구들과 놀아'가 되겠군요.

참! 단어 사이에 뭔가 연관성을 찾은 학생 없나요? '上课','下课' 이런 것처럼, '上,下'가 반대말로 쓰이기도 한답니다.(上车-下车,上班-下班,上午-下午)

(2) 연습

▶이렇게 단어를 아니, 해석은 되지만, 아직 익숙하지 않죠? 충분한 연습을 통해 극복하는 수밖에 없답니다. 한 문장씩 다시 한번 들어 볼까요? [한 문장씩 다시 듣는다.]

이번엔 따라 읽어 볼게요.   [한 문장을 두 번씩 따라 읽도록 한다.]

이제는 해석만 보고, 중국어로 말해 볼까요?
[분단별로 시합을 한다. 2-3번 연습해서 최대한 익숙해지도록 한다)

이젠 전체적으로 들어 보세요. 이젠 자신있는 친구가 동동의 역할을 해 볼까요?

-대화 내용을 따라 읽도록 한다-

▶뜻을 생각하면서 연습해 볼까요?

　[다시 한번 플래시를 들려주고, 해석만 보고 이야기하기, 화면만 보고 연극하기 등 충분히 연습한다.]

▶참, 잘했습니다.

비비기 (拌一拌)

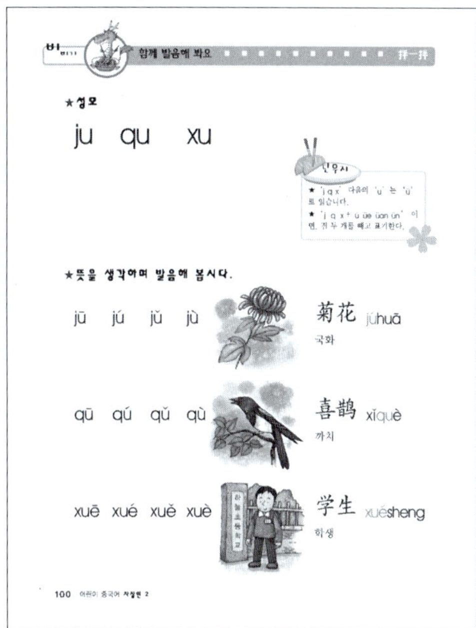

■ 결합운모

ju　qu　xu

■ 예시단어

- 菊花　júhuā　국화
- 喜鹊　xǐque　까치
- 学生　xuésheng　학생

■ 참고 단어

ju	句子　jùzi　구문	举手　jǔ shǒu　손을 들다
qu	去　qù　가다	群众　qúnzhòng　군중
xu	学习　xuéxí　공부하다	女婿　nǚxù　사위

곱빼기 (再来一点)

나의 하루(我的一天)

1. 활동 목표
나의 하루를 간단하게 말할 수 있다.

2. 활동 방법
① 동동의 하루 일과를 통해 일과를 이야기하는 간단한 표현을 익혀 본다.
② 나의 경우는 어떠한지 작문을 해 본다.
　[교재 곱빼기 아래쪽]
③ 친구들 앞에서 발표해 본다.

*주의 사항 : 이 때는 아이들의 생활이 모두 다르다 보니 다양한 질문이 나올 수 있다. 모두 자세히 가르쳐 줄 수는 없으므로 기본적으로 교재의 형식에 맞추도록 한다. 시간을 말하는 표현이나 아침밥을 안 먹는 친구들에 대해 표현도 가르쳐 줘야 할 필요가 있다.

■학습장

시간을 맞춰라!　　　(학습장 48쪽 4번)

- 11과와 같은 방식의 시간을 맞추는 문제이다.
- '半,刻,差'의 표현을 익히기 위한 연습이다.
- 아날로그 시계에 바늘을 그려 넣어 시간을 맞추는 것이다.
- 왼쪽에 제시된 시간을 잘 읽고 시계의 시간을 맞춰 보자.
- 정답을 함께 확인해 본다.

리듬 젓가락 (节奏筷子)

■ 리듬젓가락 내용 해석

반짝반짝 빛나네,
하늘이 온통 작은 별들로 가득 찼네.

하늘에 걸려서 빛을 내네,
마치 많은 작은 눈빛 같네.

반짝반짝 빛나네,
하늘이 온통 작은 별들로 가득 찼네.

■ 리듬젓가락 지도하기

① 리듬젓가락을 들어 본다.
② 무슨 내용일지 말해 본다.
② 한어병음을 읽어 본다.
③ 한 소절씩 따라 불러 본다.
④ 다같이 불러 본다.
⑤ 모둠을 나누어 모둠별로 연습한 후 부르기를
　 시키면 좋다.

note

수업을 더 재미있게 만드는 나만의 노하우

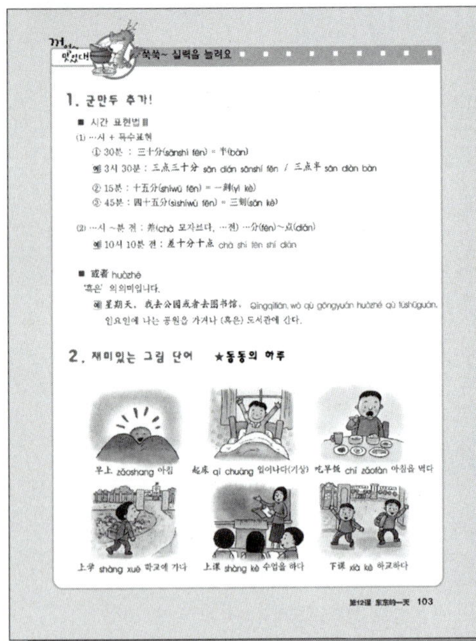

2. 재미있는 그림 단어

■ 동동의 하루

- 早上 zǎoshang 아침
- 起床 qǐ chuáng 일어나다(기상)
- 吃早饭 chī zǎofàn 아침을 먹다
- 上学 shàng xué 학교에 가다
- 上课 shàng kè 수업을 하다
- 下课 xià kè 하교하다

■ 보충 단어

- 吃午饭 chī wǔfàn 점심밥을 먹다
- 吃晚饭 chī wǎnfàn 저녁밥을 먹다
- 期中考试 qízhōng kǎoshì 중간고사
- 期末考试 qīmò kǎoshì 기말고사

디저트(甜点心)와 교사를 위한 문화 지식

디저트 / 천하의 명산 '황산'

여러분 황산을 아시나요? 중국 사람들이 평생에 한번 꼭 가 보고 싶어 하는 천하의 명산이 바로 황산입니다. 황산은 중국 남부 안후이성(安徽省)에 위치하고 있는데 우리나라 설악산의 약 3배쯤 되는 크기로 모두 72개의 주요 봉우리와 24개의 골짜기가 동서남북으로 뻗쳐 있습니다. 최고봉인 연화봉(蓮花峰)은 1,864 m로 우리나라 설악산보다 150 m 가량 높습니다. 중국 10대 명승지 가운데 하나이며 유네스코 지정 세계 자연문화 복합유산이기도 합니다. 최근에는 인천에서 황산 시까지 항공편 직항로가 열렸습니다.

황산을 오를 때는 케이블카를 이용하거나 걸어서 올라가는데 걸어서 올라가면 5시간쯤 걸립니다. 등산로에는 14만 개의 계단이 산의 능선과 낭떨어지 절벽 옆으로 이어져 있습니다.

황산에서 가장 아름답다는 '서해대협곡', 하늘에서 떨어진 것으로 만져보면 소원을 이룬

다는 '비래석', 일몰이 아름다운 '광명정', 천길 낭떨어지 아래로 펼쳐지는 '구름의 바다', 기암기석과 바위 틈에서 더욱 자태가 아름다운 소나무 등 그 아름다움은 한 폭의 산수화입니다.

문화지식 / 중국의 오악(五岳)과 황산(黄山)

중국인이 평생에 한번 가 보고 싶어 하는 산, 천하의 명산이 황산이다. 30여 년간 중국 방방곡곡을 떠돌아다니며 여행을 했다는 명(明)나라 때의 여행가이자 지리학자인 서하객(徐霞客)은 "오악(五岳)에 돌아보면 다른 산은 볼 필요가 없고 황산에 오르면 오악도 필요 없다."며 황산의 비경을 극찬했다고 한다.

오악은 중국의 동서남북과 중앙을 대표하는 명산들로 동악(东岳) 산동성(山東省)의 태산(泰山, 1524m), 서악(西岳) 섬서성(陝西省)의 화산(华山, 1997m), 남악(南岳) 호남성(湖南省) 형산(衡山, 1290m), 북악(北岳) 산서성(山西省) 항산(恒山, 2017m), 중악(中岳) 하남성(河南省) 숭산(嵩山, 1440m)을 말하는데 오악도 황산에 비교할 수 없다는 뜻이다. 황산은 중국 남부 안후이성(安徽省)에 위치하고 있는데 우리나라 설악산의 약 3배쯤 되는 크기로 모두 72개의 주요 봉우리와 24개의 골짜기가 동서남북으로 뻗쳐 있다.

황산을 오르는 계단들은 모두 돌로 정교하게 깎아서 만들었는데 1992년 중국의 지도자 덩샤오핑이 황산의 경관에 감탄하여 '남녀노소 모두 보고 즐길 수 있도록 하라.'고 지시하여 만들었다고 한다.

이 아름다운 황산에는 절경 외에도 아름다운 것이 또 하나 있는데 바로 '황산의 맹세'이다. 천길 낭떨어지 계단길 옆으로 쇠줄이 연결되어 있고 이 쇠줄엔 수천 개의 자물통이 채워져 있다. 사랑하는 연인끼리 사랑의 맹세를 하고 이곳 쇠줄에 자물통을 채우고 열쇠를 절벽 아래로 던진다. 이 맹세를 풀려면 열쇠를 찾아 절벽 아래로 내려가야 하니 사랑이 채워진 자물통처럼 영원하길 바라는 마음이 역시 아름답다.

최근에는 우리나라 남산 서울타워에도 한국판 '황산의 맹세'인 '남산의 맹세'가 행해지고 있다고 한다. 연인들이 남산에 올라 사랑의 맹세를 하고 근처 철조망에 맹세가 담긴 자물쇠를 채운 뒤 그 열쇠를 아래로 던지며 영원한 사랑을 기원하는 것이다.

저자 소개

1. 집필진

로우 시우롱   심양사범대학 국제교육학원 부교수
나민구   수원대학교 중국어학과 교수
이종민   경기도 외국어교육연수원 교육연구사
김인용   수원외국어고등학교 중국어 교사
나여훈   서울 남성초등학교 교사

2. 연구진

박정기   경기도 교육청 학교정책과 장학사
김성철   경기도 외국어교육연수원 중국어 교사 연수담당
임덕환   경기도 외국어교육연수원 온라인 교육팀 팀장

어린이 중국어 자장면 ❷ [교사용 지도서]

초판 1쇄 인쇄   2008년 3월 10일
초판 1쇄 발행   2008년 3월 15일

지은이   로우 시우롱, 나민구, 이종민, 김인용, 나여훈
펴낸이   박해성

펴낸곳   정진출판사 jeongjinpub.co.kr

136-130 서울시 성북구 하월곡동 10-6(화랑로123-9)
전화 (02) 917-9900   팩스 (02) 917-9907
이메일 jj1461@chol.com

출판등록   1989. 12. 20. 제6-95호
Copyright ⓒ 2008 정진출판사

ISBN   978-89-5700-078-6   63720

정가   6,000 원